부의 비밀지도

부의 비밀지도

===== 부자가 되는 가장 빠른 길 =====

UNLIMITED RICHES

마크 빅터 한센 지음 | 정수란 옮김

레몬한스푼

부의 비밀지도

1판 1쇄 2022년 6월 30일

지은이 마크 빅터 한센
옮긴이 정수란

편집 이종식 **디자인** 레이첼
마케팅 용상철 **제작** 도담프린팅

펴낸이 유경희 **펴낸곳** 레몬한스푼
출판등록 2021년 4월 23일 제2022-000004호
주소 35353 대전광역시 서구 도안동로 234, 316동 203호
전화 042-542-6567 **팩스** 042-542-6568 **이메일** bababooks1@naver.com
인스타그램 bababooks2020. official
ISBN 979-11-977811-2-4 03300

레몬한스푼은 도서출판 바바의 브랜드입니다.

"당신이 성취하고자 하는 목표를 미리 결정하라.
크게 생각하고, 크게 행동하며
큰 성과를 얻기 위해 나아가라."

— 마크 빅터 한센

무한한 부unlimited riches로 가득한 삶 그리고 자신의 부족함을 채워 번영self-replenishing prosperity을 누리는 삶에 당신을 초대한다. 나는 단순하고 이해하기 쉽고 즉시 사용할 수 있는 몇 단어에서 시작하고 싶다. 단어들은 방향을 가리키는 나침반이 되어줄 것이며, 당신이 이 책의 아이디어를 자신의 것으로 만들었을 때 얻게 될 결과물이다.

무한한Unlimited: 양과 질, 범위, 숫자에 제약이나 한계를 두지 않고 가급적 긍정적으로 무수한 해결책을 모색하는.

부Riches: 상당히 많은 돈, 소유물, 상품, 귀중품, 자원, 자산 또는 사용하거나 선택할 수 있는 재화.

창조Creating: 무엇인가가 발생해서 존재하게 하는 행위로 마음, 상상력, 기술, 재능을 활용하여 실재로 구현하거나 제조 또는 생산하는 것.

자기Self: 내면 깊숙한 곳의 정체성. 지금 당신은 이상적인 자신의 모습을 창조하려 노력하고 있다.

완성형Replenishing: 부족한 것을 새롭게 채우며 완전하고 지속적으로 복원해가기.

번영Prosperity: 특히 돈으로 성공을 이룬 상태. 부를 얻고 윤택한 생활을 영위하며, 당신이라는 사람 그대로 번창하는 것.

축하의 말을 전한다! 이 조언을 읽고 지혜를 받아들인다면 경제적 자유와 자립을 손에 넣을 것이다. 나를 비롯해 수많은 이가 해냈고 당신도 할 수 있다! 지금까지는 생각에 불과했지만, 내일부터는 무한한 부로 이어질 흥미로운 마음의 여정이 시작될 것이다. 재미있고 즐겁지 않은가.

이 책에 담긴 내용은 내가 1988년 캘리포니아 헌팅턴 비치에서 수천 명의 사람에게 했던 연설에서 비롯된다. 당시 청중의 몰입도는 대단했다. 나의 영광스러운 출판사 G&D미디어는 이 연설에 담긴 지혜에 귀를 기울였다. 또한 연설을 업데이트하고 그간 달라진 사항을 바로잡고 수정하여 책으로 펴내자고 요청했다. 믿을 수 없을 만큼 흥분되는 아이디어였다. 나는 즉시 수락했다.

　나는 원고를 읽고 고쳐 쓰면서 연설할 당시에 관객의 사랑, 존경, 인정을 받았던 무대 위로 돌아간 기분을 느꼈다. 당시 강연은 점심시간에만 짧은 휴식이 주어졌을 뿐 여덟 시간 동안이나 계속되었다. 시간의 문을 열고 그때로 되돌아갈 수 있다는 사실이 놀랍고 감사할 따름이다. 이 모든 일이 어제 일인 듯 다가온다. 많은 것이 머릿속에 떠오른다. 감정, 통찰, 아이디어, 무대 조명, 성공과 도전, 내가 제안했던 솔루션이 또다시 내 마음과 정신과 영혼을 긍정적인 감정으로 채운다. 나는 이 책이 당신을 위해 똑같은 일을 하거나 그 이상을 해 주기를 바란다.

　여러분의 삶을 바꾸어 내리라 믿어 의심치 않는 아이디어를 나눌 수 있게 되어 기쁨을 감출 수 없다. 나의 비전은 그날 해변 강연의 본질이 당신에게 전달되어 당신의 존재 중심에 영감을 불어넣고 그 결과, 당신이 될 수 있는 모든 것과 할 수 있는 모든 것 그리고 가질 수 있는 모든 것을 실현하게 되는 것이다. 즐거운 독서가 되기를 바란다.

마크 빅터 한센

스콧데일, 아리조나

2021년 5월

차례

1장

개인적인
성취의 원칙

부, 재물, 풍요로움, 번영은 내가 평생토록 탐구해 온 주제다. 이렇게 빠져들게 된 데는 약간의 사연이 있다.

아홉 살 때 나는 핸들이 낮게 달린 유럽 경주용 자전거가 미치도록 갖고 싶었다. 지금 시세로 쳐도 4천 달러 정도로 엄청나게 비쌌다. 아버지는 근사한 덴마크 빵집을 운영하고 계셨는데, '엘리트 베이커리'의 진열장에는 부와 행운을 뜻하는 풍요의 뿔이 그려져 있었다. 내가 보기에 아버지는 고급 자전거를 사 줄 여력이 넘쳐 보였다. 하지만 사실은 그렇지가 않았다. 꼬맹이는 아버지가 자신을 얼마나 좋아하는지 잘 알고 있었던 터라 계속 졸라 댔는데, 아버지는 "안 돼."라는 말만 반복했다.

나는 스스로 돈을 번다면 그 자전거를 사도 되냐고 아버지에게 물었다. 아버지는 고작 아홉 살짜리가 자신의 연 수입에 맞먹는 큰돈을 벌 수 있으리라고는 상상조차 할 수 없었지만 이렇게 말하며 동의해 주었다.

"물건을 소유했다는 자부심은 내가 번 돈으로 샀다는 자부심에서 비롯되는 거야."

나는 자전거를 살 '돈만 번다면' 그 자전거를 내 걸로 만들 수 있다는 사실을 알아챘다. 'earn돈을 벌다'이란 단어를 웹스터 사전에서 찾아보니 '노동과 서비스를 제공하고 돈을 받는 것'이라는 뜻이었다. 나는 어떻게 해야 할지 알 수 없었지만 할 수 있다고 생각했다.

우리가 할 일이란 명확하고 단호하게 자신이 원하는 것을 알아낸 뒤 집중력을 발휘해서 끊임없이 바라는 것뿐이라는 사실을 깨달았다. 그러면 방법은 나타난다. 그렇게 나에게 일어난 일들은 이후에도 수백 번 나타났다.

첫 번째 기적.

나는 냄비 집게를 만들어서 친구, 이웃, 친척에게 25센트(1957년 당시)에 팔았다. 아버지는 필요한 모든 재료를 공짜로 제공해 주었고, 나는 계속해서 냄비 집게를 만들고 팔았다. 결국 유럽 자전거 잡지의 구독료를 모으게 되었다.

잡지 속에는 내가 꿈에 그리던 자전거가 있었다. 자전거 사진을 잘라 침대 옆에 붙여 놓았는데, 스토리보드가 뭔지도 몰랐지만 그 작업을 했던 셈이다. 매일 밤, 기도를 마친 뒤 미래에 갖게 될 내 완벽한 경주용 자전거를 간절히 바라보았다. 그러면 어디든지 멋진 자전거를 타고 다니는 행복한 꿈을 꾸며 잠들 수 있었다. 폼 나는 자전거 레이서Windy City Wheelman가 되어 아름다운 시골길을 즐겁게 쏘다니는 꿈.

두 번째 기적.

보이스카우트였던 나는 〈보이즈 라이프〉 잡지가 오면 한 글자도 빠짐없이 챙겨 읽었다. 어느 호 뒤표지에는 깁슨Gibson 카드 회사의 광고가 실려 있는데 카드를 받아다가 팔 수 있다는 내용이었다. 나는 주문서를 보내서 무료로 카드 샘플을 받은 뒤 판매 절차로 넘어갔다. 동네 사람들에게 한 상자 당 2달러에 주문을 받았다.

나의 어머니는 훌륭한 엄마이자 대단한 이야기꾼이며 세일즈우먼이었다. 광고 문구를 가르쳐 준 분이기도 하다.

"안녕하세요. 저는 마크 한센입니다. 크리스마스카드를 팔아서 자전거 살 돈을 모으고 있어요. 한두 박스만 사 주시겠어요?"

광고는 히트를 쳐서 우리 골목을 넘어 이웃 마을까지 진군해 나갔다. 나는 끈기 있게 버텼고, 그 자체로 행복했으며 멈출 수 없었다. 내가 원하는 것을 알고 그걸 얻기 위해 계획을 세웠다. 평일에는 오후 5시 반에서 7시까지, 토요일은 아침 8시부터 오후 5시까지 종일 일해서, 한 달 만에 376박스를 팔았다. 나는 미국의 아홉 살 중에서 최고의 카드 세일즈맨이 되었고, 깁슨 사가 주는 상까지 받았다. 가장 중요한 사실은 내 손으로 돈을 벌었다는 것이다.

아버지는 지혜롭게도 나를 은행으로 데려가, 얼마 안 되지만 스스로 벌어들인 최초의 재산을 저축하게 했다. 계좌를 불려 나가라고 했는데, 언젠가 대학 갈 때를 대비해 수입의 절반을 저축해야 했기 때문이다. 뭐랄까. 이것은 나의 미성숙한 계획의 일부는 아니었지만, 극복해야 할 또 다른 장애물이었다.

세 번째 기적.

그때는 깨닫지 못했지만 기업가로서 나의 여정은 이미 시작되었다. 아버지가 우리 형제에게 해 주었던 이야기들, 당신이 불황 때 겪었던 고통스러운 일들이 나의 미래가 되지는 않을 것 같았다. 직감적으로 나는 팔 수 있는 사람이란 걸 깨달았다. 무엇을 원하든 손에 넣을 수 있다는 사실도 알았다.

나는 〈시카고트리뷴〉과 〈선타임스〉 신문을 밤낮으로 배달했다. 일요일에는 잔디를 깎고 창문을 닦고 쓰레기를 치우고 이

옷의 창고를 청소했다.

내가 보수를 받고 했던 일들은 모두 정직하고 윤리적이며 유익했다. 어느 날 갑자기, 열 살도 채 되지 않았을 때 내 수중에는 돈이 있었다. 이제 엄마의 취향에 맞는 옷 대신에 직접 고른 옷을 사 입을 수 있었다. 엘비스 프레슬리처럼 멋쟁이가 되고 싶었다.

네 번째 기적.

자전거를 샀던 그해 여름, 나는 화요일 밤마다 위스콘신주 케노샤의 원형 트랙에서 경주를 벌였다. 나는 50마일^{약 80킬로미터} 경주에서 가장 빛을 발했는데, 매일 엄청나게 많은 부수의 신문을 자전거로 배달하면서 생긴 결단력과 끈기 덕분에 장거리 경주에서 지치지 않을 수 있었다.

여태껏 내가 말했던 것들은 아래와 같이 개인적 성취를 위한 원리와 철학으로 정리된다.

1. 우리 각자는 뜨거운 욕망에서 시작해야 한다. 원하는 결과를 얻을 때까지 야심차게 욕망을 만들고 끝없이 키워가야 한다.
2. 욕망만 있어도 시작할 수 있다. 거기에 상상력, 끈기, 성공하겠다는 결의가 더해진다면 모든 장애물을 극복하게

한다. 당신은 그 과정 속에서 뭔가가 되어 있을 것이다.

3. 당신이 적극적으로 행동하기를 기다리는 무제한의 돈이 있다. 누구도 당신을 대신해서 할 수는 없다.

4. 구체적으로 현실이 되기 전에 모든 것은 당신의 마음과 상상에서 시작된다.

당신은 앞으로 과거 어느 때보다 더 많은 번영을 누리길 원하는가? 가슴에 손을 얹고 말해 보자.

"나는 풍요롭다."

과거에 나 역시 항상 풍요롭지는 않았지만 이제는 어떻게 그리 될 수 있는지 배웠다. 점점 번창할 방법에 대한 나의 믿음은 다음과 같다.

나는 당신이 언제나 재미를 느껴야 한다고 믿는다. 일을 할 때 당신은 재미를 찾아야 한다. 가족과 함께 집에 있을 때도 당신은 재미를 원할 것이다. 심지어 세무 조사를 받을 때도 재밋거리가 있다.

당신이 이 책에 충분히 집중한다면 세무 조사를 받게 될 날이 도래할 것이다. 대다수 사람들이 마치 집을 압류당하는 것마냥 걱정과 두려움, 의구심에 휩싸여 조사를 받게 된다. 내가 처음으로 감사를 받았을 때 세무서 직원은 이렇게 말했다.

"매일 식대로 40달러를 쓴다고요? 어떻게 설명할 겁니까?"

나는 장난스럽게 답했다.

"아침밥은 건너 뛴 건데요."

당신이 재미를 느끼면 그들은 어쩔 줄 몰라 한다.

얼마 전에도 우리는 세무 감사를 무사히 마쳤다. 우리가 스스로에게 갖고 있는 좋은 기분이 세무서 직원으로 하여금 좋은 기분을 느끼게 만들었다. 사실 그녀는 본래 계획했던 것보다 2,000달러를 추가로 환급해 주었다.

맥스웰 몰츠Maxwell Maltz가 쓴 자기 계발의 고전《성공의 법칙Psycho-Cybernetics》을 들어 본 적이 있는가. 그것이 보여 주듯이 마음은 목적론적이다. 당신이 무엇을 정하든 그것을 얻게 될 것이다. 한번은 나의 영웅인 코미디언 조지 번스George Burns와 함께 프로그램에 출연한 적이 있다. 그는 아흔두 살이었다. 사람들은 그에게 백 살까지 사는 법을 물었다.

"나는 백 번째 생일에 런던 팔라디움 극장에 서기로 했어요. 극장에서 벌써 출연료를 보내 줬죠. 나는 유대인 신사이니 약속을 지켜야 하고 죽을 여유가 없습니다."

그는 해냈다. 1896년 1월 20일에 태어난 조지는 1996년 3월 9일에 세상을 떠났다.

오늘보다 더 번영하기로 결심했다면 그대로 될 것이다. 이는 보증된 것이다. 실제로 기록되기 전에 의식과 감정에 기록된다. 당신이 생각하는 대로 현실이 된다. 번성하지 못한다는 생각에서 더 번성하겠다는 생각으로 바꾸면 그렇게 된다.

어느 순간에는 누구나 좌절을 겪는다. 최고의 외과 의사라도 환자를 죽음에 내어 줘야 한다. 최고의 변호사라도 머지않아 소송에서 패하고 만다. 언젠가는 당신도 나처럼 누군가에게 거절당할 테고, 성공하면 성공할수록 더 많은 비판에 놓이게 된다. 그것이 많은 사람을 멈추게 한다. 심리적으로 한 방 맞는 것이다.

"맙소사, 사람들이 어떻게 생각할까?"

내 친구 테리 콜휘테이커Terry Cole-Whittaker는 《당신이 날 어떻게 생각하는지 무슨 상관인가What You Think of Me Is None of My Business》라는 탁월한 책을 썼다.

"내가 허락하지 않는 한 누구도 나를 좌절시킬 수 없다."라고 엘리너 루스벨트(프랭클린 루스벨트 대통령의 부인)는 말한 바 있다.

당신이 허락하지 않는 한 아무도 마음속의 나비를 짓밟을 수 없다. 우리 모두는 애벌레에서 시작한다. 준비되었는가. 이 책은 당신을 아름답게 창공을 높이 날아다니는 나비로 만들어 줄 일종의 고치다.

번영하지 못하는 가장 큰 이유는 자기 거부self-rejection에 있다. 따라서 나는 당신을 자기 거부에서 빼내서 번영을 허락할 것이다. 그리고 나서 나는 당신이 자신뿐만 아니라 전 인류를 위해 번영하여 누구보다도 훌륭하고 고귀하며 가장 중요한 세상의 봉사자가 되도록 설득할 것이다. 당신이 준비하고 있는 것은 무엇이든 당신을 위해 준비되어 있으므로, 더 번영할 준비를 한다면 번영이 나타난다. 더 많은 사랑을 받을 준비가 되었다면 더 많은 사랑이 나타난다. 더 좋은 것을 준비하면 더 좋은 것이 나타난다. 만약 인생길에서 끔찍한 일을 맞을 준비가 되었다면 그대로 그런 일이 벌어질 것이다. 기대의 법칙에 따르면 당신은 기대하는 것을 얻게 된다. 이제는 무한한 선함만을 기대하고 싶지 않은가.

시각 자료를 사용하여 당신의 번성하는 미래를 미리 그려 보자. 이뤄지기 전에 손에 들고 있어야 한다. 어쩌면 쓸데없는 짓으로 보일지 모르지만, 번영에 이르기 전에 번영에 대한 생각부터 존재해야 한다.

또한 다짐의 말을 사용하자. 당신은 자신에게 했던 말이나 또는 다른 사람에게 했던 말 그대로 성장한다. 또는 들었던 말 중에서 당신이 믿고 생각하고 그에 따라 행동했더니 자신에게 일어났다고 간주하는 말대로 성장한다.

다시 말해 번영은 아이디어에서 시작된다. 아이디어는 아무

것도 요구하지 않고 그것을 무엇인가로 바꿔 놓는데 사실 그것이 전부다. 탁월하고, 거대하며, 훌륭한 아이디어를 만났다면 당신은 그 아이디어를 갖게 된 것이고 아이디어는 당신 자신이 된다. 먼저 마음에서 일어나야 그 다음에 실제로 일어나는 경기가 있다. 겉으로 표시하기 전에 속에서 먼저 해야 한다. 길을 떠나기 전에 마음에 새겨 놓자.

당신도 나도 의식과 자각이라는 단 하나를 드러내기 위해 여기에 있는 것이다. 인식을 바꾸면 결과가 바뀐다.

당신은 오직 당신 자신의 마음과 인식만을 품고 있다. 이것이 평생토록 경험하는 것의 전부다. 당신은 지금 당신만의 개인 홈 엔터테인먼트 센터인 마음속에 살고 있다.

지금 당장 몸에 손을 얹고 큰 소리로 외치자.

"나는 준비됐어."

맨손에서 뭔가를 만들어 낸 위대한 사람들과 함께 얘기를 나눠 보면, 그들이 단 하나이자 모든 것인 생각에서 출발했다는 사실을 알게 될 것이다. 그들은 또한 성장을 가능하게 했던 엄청난 상처를 끌어안고 인생을 살아왔다.

때때로 우리는 더 높고, 더 고귀하고, 더 가슴 뛰는 목표로 가는 도중에 장애물을 만난다. 이제 그 극복 방법을 알려 주고자 한다. 준비되었는가.

1974년에 나는 우리 시대의 레오나르도 다빈치로 불리는 R. 벅민스터 풀러R. Buckminster와 교류한 적이 있다. 그의 책《달로 가는 아홉 개의 사슬Nine Chains to the Moon》에서 버키(그의 애칭)는 아인슈타인의 유명한 방정식인 $E=MC^2$을 수정하여 아홉 살짜리도 이해할 수 있는 정도로 쉽게 설명했다. 모든 것은 두 가지 형태의 에너지다. 햇빛과 같은 빛이거나 바닥이나 책상처럼 겉보기에는 단단한 물체다.

당시에 나는 몇 가지 발명품을 제작해 서던일리노이대학교 이사회에 제출했는데 그때 버키를 만났다. 의장은 나에게 "버키 풀러를 만난 적이 있나요?"라고 물었다. 나는 "아니요."라고 답했다.

나는 버키를 만나자마자 그의 대단한 에너지에 편승하면서 감탄을 연발할 수밖에 없었다. 전에는 그런 정도로 생각이 확 트이게 확장되는 경험을 해 보지 못했다.

버키는 모든 것이 삼각 분할에서 작동한다고 주장하는 시너지 수학을 만들었다. 따라서 시스템이 작동하게 구축하려면 삼위일체 또는 삼각 분할로 불리는 세 가지 요소가 있어야 한다.

버키는 내가 만나거나 겪은 어떤 사람보다 자신의 마음을 매우 넓은 영역에서 사용했다. 그와 마찬가지로 나도 위대하고 영감을 주는 사상가, 교사, 리더가 되고 싶었다.

1974년에 나는 뉴욕시에 있었는데 버키가 발명하고 특허를 낸 지오데식geodesic 돔을 축조하고 있었다. 내 한 해 매출은 200만 달러에 이르렀다. 돔의 재료는 석유에서 추출한 폴리염화비닐PVC이라는 플라스틱이었다.

그런데 당시는 석유 가격이 급등하는 석유 파동기였다. 아랍인들은 자신들의 회합인 OPEC을 생각해 냈다. 그들은 "우리는 매우 큰 금액의 수표를 발행해 당신네 은행을 부도나게 할 수 있다."라고 말했다. 그 일이 나에게 벌어졌다. 나는 추락했고 하룻밤 사이에 파산해 까맣게 잿더미가 되었다. 결국 일용직 노동을 하러 롱아일랜드의 힉스빌로 가게 되었다. 시간당 2.14달러라는 '비싼' 요금으로 철도 차량에 화장지를 놓는 일이었다.

현장에 도착한 내 옷차림은 트렌치코트, 에나멜가죽 신발 같은 비즈니스맨의 복장이었다. 사장은 "옷이 일에 맞지 않네." 하고 말했다. 나는 "여기서 오래 일하지 않을 겁니다."라고 답했다. 그 일이 누군가에게 좋은 일이 아니라는 뜻은 아니었지만, 나에게 알맞은 일은 아니라고 생각했을 뿐이다.

당신의 번영은 당신의 자아 이미지에서 온다. 그렇기 때문에 우리가 사용할 다짐의 말은 "나는 어떻다."라는 진술과 삶의 현재성을 다루어야 한다.

지금은 그 일이 내가 겪은 최악의 경험 중에서 최고였다고 말할 수 있다. 추락은 그 자체로는 나쁘지 않다. 전미연사협회 창립자인 캐벗 로버트Cavett Robert의 가르침처럼, 단지 가만히 있는 것이 좋지 않을 뿐이다. 당신이 위를 올려다본다면 마침내는 필연적으로 위로 올라간다. 파산한 뒤 나는 자기 계발 분야를 배우고 공부하기 시작했고 그것을 독파하기로 결정했다.

어떤 아이디어에 끌리든 어떤 아이디어에 주의를 기울이든 얻게 될 것이다. 건강이라면 건강해질 것이고, 행복이라면 행복해질 것이다. 당신은 이것의 소유권을 갖고 있으며 당신이 무엇이든 할 수 있는 유일한 시간은 지금이다.

리처드 바크Richard Bach는 소설 《원One》에 다음과 같이 썼다. '한껏 고양되는 순간, 당신이 영위할 수 있는 여러 대안적인 인생과 라이프스타일이 무한한 가능성이 되어 나타난다.' 즉, 번영을 목표로 하고 주장하기 시작하면 궁극적으로 그리고 필연적으로 번영을 내 것으로 만들기 시작한다. 외부가 내부를 초래하는 것이 아니라 내부가 외부로 실현되는 것이다.

우리 대부분은 "주변이 형통하면 나도 형통할 것이다."라고 말한다. 하지만 과거에 당신 주변이 지금보다 나았던 구석이 조금이라도 있었던가(앞으로는 더욱 번영할 테지만 말이다). 마음속에서 준비한 그만큼만 번영하게 된다.

"너무 쉽습니다."라고 말할 수 있다. 쉽지만 미묘하다. 그것은 매우 감지하기 어려워서 우리 대다수는 어떤 지점에서 그것을 놓치고 만다. 내 친구이자 영감을 주는 설교자인 아이크Ike 목사는 "가난한 사람들을 위해 할 수 있는 가장 좋은 일은 그들 중 하나가 되지 않는 것이다."라고 말했다. 당신이 무엇인가가 될 수 있는 유일한 시간은 지금이다.

무함마드 알리가 가르쳐 준 가장 간단한 한마디는 누구라도 잊을 수 없다.

"내가 가장 위대하다."

내가 아는 한 야망이 작아서 좋을 일은 하나도 없다. 그것은 당신에게도 불행이고 주변 사람에게도 불행이다. 당신은 높고 고귀하고 영감을 주는 목표를 가져야 한다. 터무니없는 목표가 있으면 터무니없는 일을 성취하게 된다. 당장 당신의 망상 활성화 메커니즘을 켜고, 숨뇌를 자극하고, 인간 바이오컴퓨터가 가장 높은 레벨에서 힘껏 작동되게 해야 한다.

지금 당장 큰 소리로 말하자.

"난 준비됐어."

내가 번영에 관해 첫 연설을 시작한 곳은 텍사스 미들랜드였다. 오일 패치Oil Patch라 불리는 지역이다. 그날 강연회에 참석한 사람들은 자산 규모가 천만 달러에서 1억 달러에 이르는 부자들이었다. 그들은 살쾡이처럼 살아오면서 부를 쌓아 왔다. 그들은 나에게 번영에 관한 강연을 요청했지만, 그들 스스로는 의식적으로 깨달은 바가 전혀 없었다. 번영은 의식하지 않으면 석유 산업에 종사한 많은 사람처럼 재산을 날릴 가능성이 높아진다. 돈은 초대받은 곳으로 가서 그것을 기꺼이 현명하게 받아들이고 소중히 여겨 줄 때 머무르기 때문이다.

영감을 주는 연설가인 짐 론Jim Rohn은 이렇게 말하곤 했다.

"만약 당신이 백만 달러를 손에 넣는다면, 당신의 마음에서도 백만장자를 의식적으로 빨리 창조하십시오."

사실이다. 돈은 있는데 돈에 대한 깨달음이 없으면 손가락 사이로 빠져나갈 것이다.

내가 추정하기로는 단지 돈이 많다고 해서 만사가 충분하지는 않다. 많은 사람이 재정적으로는 부유하지만 정서적인 인간으로서는 결핍되어 있다. 그들은《세계에서 가장 위대한 세일즈맨The Greatest Salesman in the World》의 저자인 옥 맨디노Og Mandino의 가르침을 놓치고 있다.

"당신은 인간으로 태어난 게 아니라 인간이 되어 가는 것이다. 당신은 점점 좋아지고 점점 활기가 넘쳐야만 한다."

또 다른 영감을 주는 작가이자 연사인 웨인 다이어Wayne Dyer 박사는 "당신은 완벽하게 기능하고 자아를 실현하며 한계가 없는 인간이어야 한다."라고 말했다. 그와 나 모두 현대의 긍정적 셀프 이미지 심리학의 아버지인 에이브러햄 매슬로Abraham Harold Maslow에게 배운 것이다. 최선을 다하면 당신에겐 한계가 없다.

바로 지금, 자신에게 손을 얹고 말하자.

"나에겐 한계가 없다."

우리 모두는 제약 속에서 성장했다. 너무 뚱뚱하고, 너무 키가 크고, 너무 작고, 너무 못생겼고, 너무 멍청하고, 너무 어리석다는 말을 들으며 자랐다. 그 모든 것과 당신은 관련이 없다. 의식적으로든 무의식적으로든 당신이 그걸 받아들이거나 믿지 않는다면 그것은 당신에게 영향을 미치지 않는다.

이에 관해 웨인 다이어는 한 여성에 관한 훌륭한 이야기를 갖고 있다. 그녀는 치료를 받기 위해 웨인을 찾아왔다. "남편이 계속 해서 내가 멍청하다고 말해요."라고 토로했다. 웨인은 "남편이 당신에게 자동차라고 말하면 입을 벌리고 연료를 넣을 겁니까?"라고 답했다.

요점은 전체적이고 완전히 제 몫을 하는 인간이 되어 모든 수준에서 완전히 번영하는 것이다. 당신은 높은 수준의 웰빙을 성취해야 한다.

문제는 얼마만큼 생생하게 번영을 느끼며 얼마나 오랫동안 느낄 수 있느냐는 것이다. 리처드 모스 박사Dr. Richard Moss는 생생함뿐 아니라 여러분의 모든 세포가 조율되는 근원적인 생명력에 대해서 이야기한다.

시력을 완전히 잃어버린 사람은 어떨까. 그들은 시력은 없어도 번영을 꿰뚫는 통찰의 안목은 갖출 수 있다.

톰 설리번Tom Sullivan은 일찍이 시력을 잃었다. 그는 미숙아로 태어나 인큐베이터에서 너무 많은 산소를 공급받았다. 하지만 그는 자신을 그렇게 만든 간호사를 결코 비난하지 않았다. 대신에 여러 가지 운동을 하는 완전한 인간이 되기로 결심했다. 그는 "못하는 운동이 딱 하나 있는데 그게 테니스다."라고 말할 정도였다. 1968년 올림픽에서 톰은 미국 대표로 레슬링 종목에 참여했다. 러시아 상대에게 기술이 걸려 패하기 3초 전, 그는 결코 지고 싶지 않았고 유리 눈 중 하나를 뽑아 버렸다. 그는 "맙소사, 눈 하나를 잃었어."라고 외쳤다. 러시아 선수는 깜짝 놀라 당황했고 톰은 승리를 거머쥐었다. 그의 일화는 영감을 주는 중요한 영화로 제작되기도 한 책《당신이 내가 듣는 것을 본다면If You Can See What I Hear》에 실려 있다.

톰의 또 다른 목표 중에는 골프 황제 아놀드 파머를 만나는 것이 있었다. 만남이 성사되었을 때 그는 아놀드와 악수를 나누며 "항상 만나고 싶었습니다. 정말 당신과 함께하고 싶었어요. 실은, 아놀드, 당신과 골프를 치고 싶어요."라고 말했다.

아놀드는 "당신과 골프를 치고 싶지만 나는 시각 장애인과 골프를 친 적이 없다네."라고 말했다.

톰은 이렇게 답했다. "아놀드, 나는 당신보다 괜찮은 골퍼입니다. 내가 당신을 이긴다는 데 홀마다 천 달러를 걸겠어요."

아놀드는 다음과 같이 말했다. "이보게. 나는 직업으로 또 취미 삼아서 골프를 쳐 왔네. 내가 꽤 잘한다고 소문이 좀 났을 걸. 홀 당 천 달러를 받을 수는 없네. 너무 큰돈이 쌓일 텐데."

톰은 계속 조르고 졸랐다. 결국 아놀드는 견디지 못하고 말했다. "알았어. 언제든지. 어디서라도."

"오늘 밤 자정에 해요." 톰이 말했다.

톰 설리번과 나는 미시간주 워렌에서 함께 시간을 보낸 적이 있다. 그는 어떤 공간으로 걸어 들어가더니 손을 내밀며 "이곳은 엄청나게 호화롭고 화려하지 않습니까?"라고 말했다. 그에겐 시력이 없었지만, 모든 것이 빛을 발하고 있다. 우리가 입는 모든 컬러, 우리가 하는 모든 생각, 우리의 생활 방식 구석구석이 에너지와 아우라가 있는 어떤 분위기로 만들어진다. 그래서 프랑스 예수회 신부이자 과학자 그리고 고생물학자 겸 신학자이자 철학자인 피에르 테야르 드 샤르댕Pierre Teilhard de Chardin은 "인간의 형상으로 드러나는 신의 가장 위대한 표현은 얼굴에 떠오르는 기쁨의 표정이다"라고 말하지 않았던가. 톰과 같은 민감한 시각 장애인은 모든 환경에서 에너지의 표정을 쉽게 바로 느낄 수 있다. 직관적으로 다른 사람의 발산을 감지할 수 있다.

예전에는 엑스레이로 인체 내부만 들여다볼 수 있었지만, 최근 러시아에서 개발된 키를리안Kirlian 사진으로는 사람들의 외부 대사 과정까지 촬영할 수 있다. 1970년대에 델마 모스Thelma Moss 박사는 UCLA의 신경생물학연구소Neuropsychiatric Institute에서 키를리안 사진을 연구했다. 그녀는 내부의 마음 상태에 의해 완전히 선제적으로 결정된 에너지 구체 즉 에테르 에너지의 사진을 찍을 수 있었다.

나는 가난에서 벗어나 영원한 번영으로 자신을 새롭게 생성했다. 전 세계 수백만 명에게 그들이 겪는 빈곤을 종식시키기 위하여 자신의 마음, 자각, 의식의 주인이 되는 법을 가르쳤다. 빈곤은 정신 질환이다. 빈곤은 한 곳, 오직 박물관에만 존재해야 한다.

나는 인류 전체를 먹여 살리는 것이 필수라고 생각해 왔기 때문에 헝거 프로젝트Hunger Project에 깊이 참여했으며 웨인 다이어Wayne Dyer, 존 덴버John Denver와 함께 일했다. 이 일에 몰두하는 사람들은 "이봐, 굶주리는 사람들이 있는데도 식량은 남아돌잖아. 농사를 짓지 않도록 농부들에게 보조금을 준다는 것은 부도덕해."라고 말하기도 한다. 마하트마 간디는 현명하게 말했다.

"모든 사람의 필요에는 충분하지만 모든 사람의 탐욕에는 부족하다."

우리는 그 어느 때와 비교해도 더 나은 성과를 거두고 있긴 하다. 우리는 인류의 100%가 경제적으로나 육체적으로 성공을 거둘 때까지 계속해서 전진해야만 한다. 그것이 내가 헌신해야 할 대상이자 운명이다.

나는 전 세계에 영감을 불어넣어, 이 세상이 모든 지구인을 위해 온전하게 작동하게 하는 데 보탬이 되려 한다. 모두를 위한 거대한 번영이다. 1900년에는 전 세계 170개국 사람들의 100%가 기아 상태였다. 오늘날에는 인류의 8.9%만이 굶주리고 있다.

우리의 목표는 모든 인류를 먹여 살리는 것이다. 어떻게 가능할까? 이렇게 한번 생각해 보자. 낙수 효과 경제학은 오래된 이론이다. 부자에게 돈을 주면 경제 전체로 흘러간다는 주장이다. 그러나 우리는 그런 방식이 작동하지 않는다는 사실을 깨달았다. 과거 정치인들은 평범한 사람에게서 돈을 빼앗아 갔다. 그들은 도둑과 같은 사고방식을 갖고 있었다. 우리는 분수 효과를 사용한다. 사람들에게 닭과 소를 몇 마리 나눠 주면 순식간에 전체 커뮤니티가 번영의 효과를 체감하기 시작한다. 가장 바람직한 형태의 자유 기업으로, 모든 사람이 자기 주도적인 행동을 바탕으로 번영하고 성공하는 것이다.

인센티브를 받는 개인은 긍정적인 차원에서 자기 결정적이며 경이로운 수준의 재산, 부, 번영을 창출한다. 우리는 완전히 새로운 의식 속에 있지만, 그렇다고 선조들을 비난해서는 안 된다. 그들에게는 당신과 내가 가진 것이 없었기 때문이다. 우리에게는 컴퓨터, 교통, 통신, 인터넷, 인공 지능, 줌, 팟캐스트 등 신기술이 풍부하다. 이 모든 것이 우리의 일생 동안 발명되었다.

나의 아버지는 기본적인 제빵 기술을 지닌 채 덴마크에서 미국으로 건너왔다. 미국은 과거에도 그랬고 앞으로도 기회의 땅이라서 아버지는 일리노이주 워키건의 작은 빵집에서 번영할 수 있었다. 미국은 선의가 넘치는 풍요의 땅이고 모든 것이 가능하다. 개인의 자유와 더불어 자유로운 기업과 번영이 장려되고 찬양되며 드높여지기 때문에 빈자도 부자가 될 수 있다.

아버지는 자신이 타고 온 배에 있던 승객에 대해 나와 형제들에게 이야기하곤 했다. 날씨 따라 다르지만, 덴마크에서 뉴욕까지 배로 보통은 7~9일밖에 걸리지 않았다. 불행하게도 아버지가 타고 있던 배인 그립스홀름은 악천후를 맞았다. 해진이라고 불리는 것이 배를 강타했다. 승객들은 영화 〈포세이돈 어드벤처〉에서나 벌어질 법한 일들을 경험했다. 15일 동안 폭풍이 이 항구, 저 항구로 가는 항로를 가로막았다. 3등칸에서 지내던 그 덴마크 사람은 단 9일 동안 지낼 음식만 준비해 왔다고 한다. 12일째가 되자 그 남자는 너무 배가 고팠다. 그는 13일이 되자 마침내 선장에게 다가가 말했다.

"며칠째 굶고 있습니다. 이대로 계속 음식 없이 지내면 못 버틸 것 같아요. 보십시오. 저는 정직한 덴마크 사람이고, 허기를 면하게 해 주면 뉴욕에 가면 돈을 벌어 갚을게요. 믿어 주세요."

선장은 깜짝 놀랐다. 그는 "손님, 3등칸 사용료에 이 배의 뷔페 식사비도 들어 있어요. 모든 식사가 포함된 가격이라고요."라고 말했다.

이 이야기에서처럼 우리가 모두 지구호에 승선했고 티켓엔 모든 식사가 포함되었다는 사실을 이해하길 바란다(당신이 부유하지 못한 부모 밑에서 태어났다고 하더라도 마찬가지다). 빈곤은 피라미드 꼭대기에 있는 왕, 귀족, 기사가 착취 행위를 시작한 중세 시대부터 생겨났다. 그들은 군주를 주인으로 삼고 충성 의무를 짊어진 사람들에게 정신적인 타격을 가했다.

가난에는 미덕이나 가치가 전혀 없다는 사실을 알아차리기 바란다. 가난은 끝없는 불행을 초래한다. 가난 속에서 당신은 내면에 있는 최고이자 최선의 자아를 나타내거나 표현할 수 없다. 남을 위한 봉사를 할 수도 없고 소명을 충실하게 이행할 수도 없다. 빈곤은 최악의 감옥이다. 나는 파산하는 경험을 해 봐서 잘 안다. 땅콩버터만 주구장창 먹고 살았더니 혀가 입천장에 쩍쩍 달라붙었다. 어쨌거나 나는 빈곤이야말로 올바른 생각, 희망 사항, 바람직하고 번영을 부르는 행동으로 완전히 치유될 수 있다는 사실을 알고 있다.

가진 게 많을수록 더 많이 베풀어야 한다. 미국은 세계에서 가장 많이 베푸는 나라이기 때문에 가장 위대한 나라로 존속한다. 미국은 갖고 있기 때문에 줄 수 있다. 그 규모는 전 세계 170개국을 합친 것보다 많다.

지금 두 손가락으로 가슴을 툭툭 치며 말해 보자.

"나는 풍요롭다. 그리고 나는 점점 더 풍요로워질 것이다."

다시 말하지만, 당신이 하는 생각이 밖으로 실현된다. 더 많은 풍요를 계획하면 더 많이 발현될 것이다.

지금 우리 주변에는 내가 실체를 낱낱이 보여 주고 싶은 헛소리가 떠돌고 있다. 조심하길 바란다. 그중 한 가지는 당신이 덜 가지고 있으면 다른 사람이 더 많이 가질 수 있다는 주장이다. 그것은 완전히 헛소리이며 미친 듯이 어리석은 말이다. 그 아둔함을 드러내는 사례를 많이 들어 보려 한다.

두 번째 통념은 얼마 지나지 않아 경기 침체나 전면적인 불황이 들이닥친다는 전망이다. 그것이 실현될 유일한 길은 1929년에 그랬던 것처럼 사람들이 두려움에 사로잡혀 국내외 거래와 무역을 중단하는 것이다. 우리는 방금 전에 코비드19 봉쇄 조치를 통과했다. 무슨 일이 일어났는가? 금융 시장은 잘 작동했을 뿐만 아니라 가격이 치솟았다. 많은 사람이 다우지수가 순식간에 40,000선까지, 어쩌면 50,000선까지 올라갈 것이라고 말한다. 우리는 번영의 시대에 살고 있으며 번영한다고 생각하는 한 계속 그렇게 될 것이다.

번영은 오직 '개인' 단위에서만 실현된다. 개인의 마음이 하는 일은 무엇이 되었든지 반영하고 튕겨져 기업, 정치, 세계의 마음속으로 들어간다. 70년대에 내가 파산했을 때 뉴욕 시장은 에이브 빔Abe Beame이었다. 그는 결코 번영의 사상가가 아니었다. 말장난을 쳐 보자면, 그 이름 '빔beam'이 뜻했던 환한 빛에서 벗어난 인물이었다. 그는 계속해서 읊어 댔다.

"뉴욕이 파산한다. 뉴욕이 파산할 것이다."

사람은 생각하고, 믿고, 단언하고, 실행하는 대로 얻는다. 리더로서 빔 시장은 시민들의 마음을 반복해서 오염시켰다. 자주 반복되는 어떤 믿음은 그것이 무엇이든 간에 결국에는 추종자의 믿음이 되어 버린다.

기업들은 무엇을 했는가? 코네티컷으로 가고 뉴저지로 가 버렸다. 플로리다로 떠났다. 그들은 분열했고 뉴욕의 가치는 폭락하기 시작했다. 그런데 새로운 뉴욕 시장으로 부임한 에드 코크Ed Koch는 뉴욕이 호황을 누리고 있다고 믿는 사람이었다. 그는 계속 그렇게 말하고 다녔는데 그 뒤로 어떤 일이 벌어졌을까. 뉴욕은 갑자기 호시절로 바뀌었다.

마음의 상태가 결과의 상태를 만든다.

지금 당장 큰 소리로 외쳐 보자.

"난 준비됐어."

고인이 된 밥 호프Bob Hope는 내 영웅 중 한 명이다. 그는 위대한 자선 사업가였다. 그는 자선 활동을 위해 매년 10억 달러 이상을 모금하곤 했다. 나는 그에게 물었다.

"왜 미국의 모든 교회, 사원, 유대회당, 미군위문협회와 온갖 자선 단체까지 협력하고 있습니까?"

그는 미소를 지으며 답했다.

"그렇게 해야 혹시 잘못 골라서 천국에서 쫓겨날 일이 없거든."

나는 밥을 하늘의 별만큼이나 무수히 자주 만났고 함께 시간을 보냈다. 그 일은 내가 적어 두었던 101가지 목표 중 하나였기 때문이다. 목표를 글로 쓰는 데는 한 푼도 들지 않는다는 사실을 기억하자. 무엇이든 적어 둘 수 있다. 기록하고 믿으면 이루어진다.

101개의 목표를 적어 보자. 즉시 현실에서 경험하기 시작할 것이다. 목표 하나하나를 간절히 원하고 계속해서 경험하려고 노력하면 시공간이 당신과 공명하고야 만다. (대다수 사람은 '무엇을 원하는가' 하는 질문에 진정으로 답하지 못한다.) 목표를 글로 쓰면 조만간 어떤 식으로든 필연적으로 또한 궁극적으로 그 목표가 눈앞에 나타난다. 목표가 이루어지리라는 믿음은 희망을 앞선다. 그 다음에 희망은 기분 좋은 상태로 북돋우는 메시지를 발신한다. 커다란 희망은 그 자체로 해독제이며 당신에게 장수와 적응력을 제공한다.

20세기 초, 목사이자 법률가인 러셀 콘웰Russell Conwell 박사는 《다이아몬드 밭Acres of Diamonds》이라는 최초의 자기 계발서 중 한 권을 출판했다. 이 책은 다이아몬드를 절실히 찾아 헤매던 아프리카 농부의 이야기를 담고 있다. 농부는 사제에게 가서 "다이아몬드가 어디 있습니까?"라고 물었다. 그러자 사제가 답하기를 "다이아몬드는 급류의 바닥에서 솟아오른다네."라고 했다.

농부는 농장을 팔고 다이아몬드를 찾는 데 평생을 바쳤다. 그러나 단 한 번도 성공하지 못했다. 마침내 그는 죽기 전에 한때 자신의 것이던 농장에 돌아왔다. 농장 집의 벽난로 위 선반에는 576캐럿의 다이아몬드로 변신할 돌덩이가 놓여 있었다.

농부는 그것이 자신이 그토록 찾고 있던 다이아몬드임을 알아차렸다. 그는 농장을 산 사람에게 물었다.

"도대체 어디서 찾은 겁니까?"

"뒷마당이요. 아주 널려 있어요."

농부는 농장이 킴벌리 광산 꼭대기에 있었음에도 전혀 알아채지 못했던 것이다. 그가 찾아 헤맸던 것은 항상 그의 바로 앞에 있었다.

마찬가지로 진정한 부는 우리 마음속에서 시작된다. 숨결보다 가깝고 손이나 발보다 가깝다고들 한다.

콘웰은 '다이아몬드 밭' 연설을 6,000번이나 했다. 이는 당시에 가장 많이 반복된 연설로 기록되었다. 그는 700만 달러를 벌어서 저 위대한 템플대학교를 설립했다. 그는 완전한 무에서 출발해 계속 나아갔고 템플대학교를 탄생시켰다.

콘웰은 번영을 완벽하게 익힌 사람으로 내가 존경해 마지않는 영웅이다. 그가 남긴 족적은 수백만 명의 학생에게 번영을 가르쳐 왔다.

콘웰은 무엇을 했는가? 그는 새로운 비전을 품었다. 오늘날 우리 각자에게는 새로운 비전이 필요하다.

지금 당장 몸에 손을 얹고 이렇게 말하자.

"비전과 함께 나는 번성하고 번성하여, 모든 사람의 형편을 더 낫게 만들고 어느 누구도 더 나빠지지 않게 하겠다."

만약 여러분이 윌리엄 랜돌프 허스트William Randolph Hearst의 경이로운 대저택을 아직 방문하지 않았다면 버킷리스트에 올려 보길 바란다. 캘리포니아 산 시메온San Simeon에 위치한다. 뉴욕시의 5번가와 92번가에 있는 앤드류 카네기Andrew Carnegie 의 저택과 마찬가지로 허스트의 대저택은 부의 잠재력을 끌어 내는 데 영감을 줄 것이다.

화려하고 성공한 피아니스트인 리버레이스Liberace는 라스베이거스에 리버레이스 박물관 콜렉션을 만들었다.

이는 무엇을 뜻하는가? 나는 당신이 할 수 있는 모든 것을 얻는 방법을 배우기를 바란다. 나는 당신이 할 수 있는 한 모든 것을 저축하는 방법을 배우기를 바란다.

할 수 있는 모든 것을 투자하라. 당신이 미리 정해 놓은 대로, 유산으로 남긴 공익사업이 진행되도록 재산을 남겨라. 당신이 할 수 있는 모든 것을 독특하고 영예롭고 지속적인 방법으로 모두에게 나눠 주겠다고 지금 결정하라.

2장

바빌론에서
가장 부유한 사람

1926년 조지 클래슨George Clason은 《바빌론 최고의 부자The Richest Man in Babylon》라는 역사에 남을 만한 책을 출판했다.

'당신이 벌어들인 돈의 일부를 남겨 두어야 한다. 십분의 일을 저축하라.'

나는 《십일조의 기적The Miracle of Tithing》이라는 책을 썼는데, 십분의 일을 떼어 두어야 하는 네 가지 T가 있다고 적었다. 생각Thinking, 시간Time, 재능Talent, 보물Treasure이다. 그렇게 했다면 여유로운 마음으로 다섯 번째 T를 추가하라. 감사하는 마음Thankful이다. 모르몬 교인들은 십일조를 가르치고 실천했던 덕분에 막대한 부를 창출했다.

성공하려면 원칙대로 살아야 한다. 원칙은 닳아 없어지거나, 녹슬거나, 지치거나, 휴가를 가지 않는다. 중력과 마찬가지로 원칙은 단지 계속 작동할 뿐이다. 이는 매우 간단하며 내가 반복해서 말하는 것이다. 최선을 다해 벌어들이고, 최대한 저축하고, 최대한 투자하라. 실적이 입증된 사람과 함께 신중하고 현명하게 투자해야 한다.

누군가가 "당신의 돈을 몇 배로 불려 드리고 싶습니다."라고 말하면 이렇게 답하라.

"좋습니다. 내 돈을 가져가서 나를 더 부자로 만들어 준다니 좋지요. 단, 당신의 재무제표를 보여 주세요. 그 투자로 얼마나 많은 돈을 벌었는지 봅시다."

다른 이들이 돈을 쓰지 않는 곳에 투자하지 마라. 그 게임에서 아직 승리하지 못한 사람과 함께하지 마라. 다른 사람이 먼저 선택해 그 게임을 배우게 하자. 찾아 헤매는 탐험가는 일반적으로 패자다. 내 번영 교육 과정의 필수 도서인 나폴레온 힐의 《생각하고 부자가 되어라Think and Grow Rich》에는 '금에서 3피트'라는 장 제목이 있다. 금이 어디에 있고, 누가 그것을 찾고 채굴하는 작업을 완료하는지 아는 것이 중요하다.

여기에 이런 사실이 존재한다. 뜨겁고 강렬한 욕망으로 시작하기만 하면 원하는 만큼 크게 부를 불릴 수 있다. 나는 당신이 최선을 다해 많이 벌어들이고, 할 수 있는 최대한으로 저축하고 투자하며, 그런 다음에는 역시 최대한으로 자선 활동에 나서기를 바란다. 자선 사업의 의도를 밖으로 드러내라. 훌륭하고 관대한 기부자가 되어라.

"나는 내놓을 것이 없습니다."라고 말할지 모른다. 그러나 미소, 격려의 말, 칭찬, 다른 이를 올바른 방향으로 이끌어 줄 무엇이라도 있지 않겠는가. 당신 안에는 나누어 줄 소중한 것이 있다. 당신이 미소를 보냈던 사람이 그때 자살할 마음을 먹고 있었을지 누가 알겠는가. 그는 '한 사람이라도 나를 보고 웃어 준다면 죽지 않을 거야.'라고 생각했을 수도 있다.

나와 공동 저자인 잭 캔필드Jack Canfield는 한 남자에 관하여 다음과 같은 훌륭한 이야기를 들려주었다.

"집에서 금문교까지 19마일을 걸어가는 동안, 누군가 나를 보고 웃어 준다면 자살하지 않을 것이다. 누군가가 내게 했던 말을 기억할 수 있도록 메모를 작성해서 대문에 붙여 놓겠다. 그러면 우편배달부가 내일 볼 테지."

그 남자는 금문교까지 곧장 갔지만 누구 한 사람 그에게 미소를 지어 주지 않았다.

그것이 그가 요구했던 전부였다. 한 번의 미소. 그게 비싼가? 한 푼도 들지 않는다. 찡그리는 것보다 웃는 편이 근육도

덜 사용한다. 설혹 이가 몽땅 빠졌더라도 미소를 지었으면 한다. 얼굴에 빛나는 웃음 주름이 피어나길 바란다. 당신이 자신에 대해 매우 좋은 기분을 느낀 덕분에 언제나 미소를 지었으면 한다. 그러면 주변의 세상이 더 밝아지고, 행복해지며, 훨씬 풍요로워질 것이다.

웨인 다이어는 "오렌지를 으깨면 나오는 건 오렌지 주스뿐이다. 누군가가 당신을 화나게 하면 당신에게서 나올 수 있는 것은 분노일 테지만, 먼저 분노를 집어넣은 사람은 당신이다. 그래서 화가 되어 나왔을 뿐이다."

웨인이 플로리다의 한 식료품점에 있을 때였다. 누군가가 그의 등을 막대기로 찌르자 웨인은 돌아섰다. 언제나 당당한 체격을 유지해 온 웨인은 상대를 때려눕힐 기세였다. 그런데 뒤에 선 남자의 손에는 흰 지팡이가 들려 있었다. 이내 웨인은 화를 풀고서 말했다.

"먼저 가시게 도와드릴게요. 내 뒤에 서 있는 것을 미처 보지 못했네요. 죄송합니다."

당신이 인생의 황금 티켓 매표소에 도착했다고 해도, 스스로 번영을 원하는지의 여부를 알고 있어야 한다. 세상은 상관하지 않는다. 삶과 잠재의식은 중립적이다. 그것은 일반적인 것에서 구체적인 것으로 나아간다. 부자가 되도록 마음을 프로그래밍

하면 부자가 될 것이다.

여기서 좋은 소식은 당신이 행복하려 한다면 행복할 수 있다는 점이다. 건강해지려 한다면 건강해질 수 있다. 사랑하는 만큼 더 사랑할 수 있다. 부자가 되려 하는 만큼 더 큰 부자가 될 수 있다.

당신의 마음과 올바른 생각은 어디든 갈 수 있는 티켓이 될 수 있으며, 그 티켓은 우리 모두를 위하여 다양한 차원에서 시작된다. 자기 완성형 번영을 누리기로 결정할 수 있다. 그것은 자동차일 수도 있고, 집일 수도 있고, 새 옷일 수도 있고, 은행 계좌에 있는 돈일 수도 있고, 부채 상환일 수도 있고, 항상 꿈꿔 오던 휴가일 수도 있다.

완벽한 자기표현을 하길 바란다. 나는 당신이 올바른 생계를 유지하기를 희망한다. 나는 파산했을 당시 제대로 생계를 유지하지 못했다. 그때는 지속적으로 성장하고 표현한다는 것이 무엇인지, 완전한 경제적 안정을 이루면 계속 자유가 커진다는 사실이 무엇인지 전혀 알지 못했다. 원칙 중심의 리더십을 경험하고 실천하도록 하자. 그 안에서 당신은 자신을 최선의 상태로 창조하고 자기 경영을 할 수 있다.

《성공하는 사람들의 7가지 습관The Seven Habits of Highly Successful People》의 저자인 스티브 코비 박사는 이렇게 말했다. 성공하려면 비전을 말해야 하지만 비전을 말로 꺼내려면 먼저 비전이 있어야 한다.

바로 지금, 가슴을 치며 말하자. 나는 비전을 가질 것이다. 심지어 여러 개의 비전은 어떤가. 나는 여러 개의 비전을 가질 것이다.

나는 사람들에게 적어도 101가지 목표를 적으라고 가르친다. 영적인 사람이 세속적인 사람을 일깨우려면 욕망의 수준으로 내려와야 한다. 나는 당신의 영혼을 산 채로 찌르러 왔다. 당신은 믿을 수 없을 만큼 아주 많이 이룰 수 있다.

나의 아버지에겐 미국에 오는 비전이 있었다. 1921년에 생애 처음으로 미국에 도착했을 때 뉴욕의 입구인 엘리스 섬의 이민국을 통과했다. 그는 제빵업을 하고 8학년의 교육만 받았지만 정말 훌륭한 요리 아티스트였다. 항상 반죽을 가지고 노는 것을 좋아한다고 농담을 하곤 했다.

시민권을 취득하기 위해 아버지는 한 치의 빈틈도 없는 연방법원 판사 앞에서 60개의 구술시험 문제에 답해야 했다. 다 끝났을 때 판사는 두툼한 손을 내밀며 말했다.

"한센 씨, 축하합니다. 당신은 이제 미국인입니다. 형식적인 질문을 하나 해도 될까요?"

아버지는 "판사님, 제가 미국인이 되었다는데 무엇이든 물어

보세요. 하지만 '형식적인'이란 단어는 무슨 뜻인지 모르겠습니다."라고 말했다.

"미국 국가의 마지막 두 단어는 무엇입니까?"

아버지는 답했다. "쉽군요. 경기 시작!play ball (야구 경기 전에 미국 국가가 울리는 것에서 온 잘 알려진 농담이다)"

오늘은 당신의 마음과 경기를 하고 싶지만 단지 홈런만 치고 싶지는 않다. 나는 만루 홈런을 치고 싶다. 이것을 이해해 주면 좋겠다. 각성한 우리들 각자는 모두를 더 좋은 상태로 만든다. 당신은 기록 수립자이자 역사를 만드는 사람이 되기 위해 여기에 있다. 당신은 신의 가장 위대한 기적이다. 당신이 가능한 한 최선을 다해 살아간다면 다른 사람들이 그와 같거나 그 이상을 하도록 영감을 주게 된다.

나는 당신이 이 메시지를 가능한 한 많은 사람에게 전하기를 바란다. 왜냐하면 번영의 기본 원칙 중 하나는 각자가 한 명에게 가르치는 것이기 때문이다. 18세기에 로렌스 트리블Lawrence Tribble은 다음과 같이 썼다.

하나의 마음이 깨어나

다른 한 사람을 깨운다.

두 번째 깨어남이

이웃의 형제를 흔든다.
세 명은 한 마을을 깨우며
그렇게
온 세상은
달라진다.

많은 이가 깨어나
소란을 피운다.
마침내 나머지 모두를 깨우고 만다.

한 사람이 일어서
그 눈에 새벽을 담으면
반드시
여럿이 일어선다.

더 많은 번영을 원한다면 당신이 절실히 배워야 할 것을 가르치자. 진 휴스턴 박사Dr. Jean Houston가 말했듯이 그것은 "당신을 위한 워크움walkwoom을 만든다." 그녀는 하버드대학에서 위대한 신학자 폴 틸리히Dr. Paul Tillich 밑에서 수학하며 첫 박사 학위를 취득한 이야기를 들려주었다. 당시 틸리히 박사는 사흘 동안이나 독일 억양을 써 가며 성공하려면 '워크움'을 이해해야 한다고 계속 말했다. 하버드 최연소 박사 후보인 진 휴스턴은 소심하게 손을 들고 "틸리히 교수님, 칠판에 '워크움'이라고 써 주시겠어요? 찾아봤는데 독일어나 영어로는 안 나오네요. 동료들에게 물어보니 무슨 말인지 모르겠다고 하네요."라고 말했다.

틸리히는 '성공하려면 배큠vacuum, 빈 공간이 있어야 합니다.'라고 썼다. 배큠을 독일어 억양으로 발음하면 워크움으로 들리다니 정말 웃긴 에피소드가 아닐 수 없다.

나는 당신의 마음을 압력이 낮은 영역으로 만들고 싶다. 기상학적으로는 바람이 부는 게 아니다. 실제로는 공기가 저압 영역으로 끌어당겨진 결과다. "나는 부에 이끌리고 있어."라고 말함으로써 마음과 내면에 배큠vacuum 즉, 빈 공간을 만들어 주었으면 한다. 부가 곧 나타날 것이다.

모든 적절한 사람, 모든 적절한 사건, 모든 적절한 경험이 바로 눈앞의 현실이 된다. 지금 여러분이 준비되어 있다는 단순한 이유 때문이다. 당신은 그것이 쉬운 일이냐고 물을지도 모른다. 당신이 준비되어 있다면, 나의 답은 "그렇다."이다.

스스로에게 번영을 허락하고 즉시 받아들이기 시작하라. 특별한 방법일 필요는 없다.

목적을 명확히 하라

다음 할 일은 목적을 명확히 하는 것이다. 아직 목적이 없다면 하나 갖는 것을 목적으로 삼자. 1961년 항공우주공학자인 베르너 폰 브라운Wernher von Braun은 케네디 대통령의 상상력을 자극하면서 "사람이 달에 착륙하는 일은 가능합니다. 우리는 우주에서 새로운 스푸트니크호(러시아가 인류 최초로 쏘아 올린 인공위성)로 러시아를 이기고 우주 경쟁에서 승리해야 합니다."라고 말했다. 다음 날 케네디 대통령은 미국 대중 앞에 나서서 연설했다.

"앞으로 10년 안에 우리는 인간을 달에 안전하게 착륙시킬 것입니다."

폰 브라운은 대통령 집무실에 들어와 이렇게 소리쳤다.

"대통령님, 무슨 말입니까? 제정신이에요? 내가 말했던 건 공상 과학 소설이었어요. 그걸 과학적 사실로 만들 수 있는지는 모르겠네요."

케네디 대통령이 말했다.

"좋습니다. 10년 내에만 해내세요."

거대한 도전에 직면한 폰 브라운은 자원을 찾아다녔고 십 년도 채 되지 않아 달 착륙과 귀환을 성공시켰다. 우주의 모든 자원이 당신의 명령에 부응하기 위해 나타난다. '그리 된다!'라는 긍정적인 방법이 당신에게 마법을 부릴 테니까.

당신은 말한다.

"오 세상에, 청구서를 갚을 수 없다. 나는 할 수 없다. 그걸 하는 방법을 모른다. 내 차는 압수당하고, 전화는 끊어지고, 신용 카드는 사용 금지될 것이다."

반면에 모든 청구서가 지불된 것을 보았을 때 당신은 말한다.

"잘되어 간다. 훌륭하게 잘하고 있다. 모든 게 잘 돌아간다. 내 인생에 모든 적합한 사람들이 나타날 것이다. 나에게는 적합한 동료, 적합한 조수, 완벽히 신뢰하는 파트너가 있다. 생각하지도 못했던 입찰을 하고 있다. 나는 감히 꿈꿔 볼 수 없었던 기대치를 뛰어넘었다."

나는 당신이 꿈의 기계를 켜는 것을 돕고 싶다. 목에 버튼이 있다고 가정해 보자. 자, 내가 당신의 꿈의 기계를 켜고 있다. 이제 켜졌다. 이제 아무도 꿈의 기계를 끄지 못하게 하자. 새로운 꿈을 꾸어라. 한껏 선언하고 그 꿈들이 대담한지 확인하자.

동기 부여 연사 얼 나이팅게일Earl Nightingale과 나는 한때 오스트레일리아 전역을 여행하며 연일 방송에서 논쟁을 벌였다. 그렇게 하면 수천, 수만 명의 사람들이 모여들었기 때문이다. 얼은 목표를 아무에게도 말하지 말아야 한다고 주장했다.

"결과로 말하십시오. 그것이 성취하는 한 가지 방법입니다."

나는 "같은 생각을 지닌 그룹을 찾아야 합니다."라고 말했다. 여기서 같은 생각을 지녔다는 말을 이해하는 것이 중요하다. 번영을 얻으려면 같은 생각을 지닌 그룹, 완벽히 신뢰하는 지지자들로 구성된 팀, 당신보다 당신을 더 잘 알아보는 사람들에 둘러싸여 있어야 한다. 하나와 하나가 만나면 11이란 큰 수가 된다. 1+1=11.

당신을 현재 상태로만 규정지으려는 사람과 거리를 두도록 하자. 어머니, 아버지가 우리를 감정적으로 폭발하게 만드는 일이 잦은 이유와도 관계가 있다. 부모님은 우리가 어렸을 때 어떠했는가만 기억하고 그 뒤로 발전한 결과는 알아보지 못하기 때문이다. 그간의 변화를 이해하지 못하는 것이다. 여전히 과거에 어떠했다는 생각에만 갇혀 있다.

10년 또는 15년 전에 내가 했던 말을 들었던 사람들이 지금 다시 찾아오게 되면 나는 놀랐다는 듯이 말한다. "맙소사, 당신은 변했습니다!" 나는 그때로 돌아가고 싶지 않다. 그렇다고 그들을 비난하지도 않는다. 15년 전의 나는 지금의 내가 아니다.

당신은 몇 년 전과 같은 사람이 아니다. 7년마다 여러분은 변태를 겪는다. 경영학 석학 피터 드러커Peter Drucker는 "7년에 한 번씩 하는 일이나 실행 방식을 바꾸자. 활기를 잃지 않도록 하기 위함이다."라고 말했다. 목적하는 바를 글로 쓰고 목적이 충분히 큰지 확인하자.

헬렌 켈러는 말했다.

"내 촛불이 당신의 촛불을 켰다. 당신이 불을 켜면 내 것도 밝아진다. 그것은 나로부터 아무것도 가져가지 않았다. 이는 세상을 4배 더 밝게 만든다."

이것이 내가 버키 풀러에게 배운 법칙이며 이 책에서 가르칠 내용이다. 이는 일부의 기능으로는 예측할 수 없는 전체 시스템의 작동 방식인 시너지라고 한다.

우리는 인류 역사상 가장 경이로운 창조의 시기에 살고 있다. 전무후무한 변화의 세기로 접어들고 있는 것이다. 사상 최초로 전 인류 80억 명이 서로 소통하고 빛의 속도로 누구와도 대화할 수 있다. 휴대 전화로 지구 반대편과 실시간으로 대화하고 사진을 보낸다.

우리는 가속의 시대에 살고 있으며 학습 속도는 빨라지고 있다. 지식이라면 무엇이든 전 인류가 함께 알 수 있다. 이것이 켄 케이즈Ken Keyes가 그의 유명한 책 《100번째 원숭이The Hundreadth Monkely》를 쓴 이유다. 이 책은 일본 근해의 섬에 사는 원숭이에 대해 알려 준다. 나이 든 원숭이는 더러운 고구마를 그냥 먹었지만 어린 원숭이는 물가로 내려가 고구마를 씻었다. 깨끗하게 씻어서 아마도 더 맛있어진 고구마를 먹는 모습을 바로 100번째 원숭이가 보았을 때, 갑자기 이웃 섬의 모든 원숭이도 텔레파시 메시지를 받고 고구마를 씻기 시작했다. 원숭이들의 마음에서 마음으로 보이지 않는 통신 회로가 연결되었는데 바로 텔레파시였다.

우리가 번영의 돌파구를 마련했을 때 일어나는 일이기도 하다. 번영은 한 사람에게서 시작된다. 그것은 항상 보이지 않는 것에서 시작하여 보이는 것으로 변형되며 물리적 대응물로 바뀐다.

문을 잠그라. 당신이 진정으로 원하고 바라는 좋은 결과와 최종 결과에 자신을 가두자. 그것을 현실에서 보기 전에 먼저 마음으로 보아야 한다.

1974년 내가 완벽히 신뢰하는 마스터 마인드 파트너인 칩 콜린스와 함께 있을 때였다. 그는 나에게 "당신이 정말로 원하는 것이 무엇입니까?"라고 물었다.

"언젠가는 무엇보다도, 운전기사가 모는 고급차를 타고 내 소유지까지 갈 수 있을 만큼 충분한 부를 얻고 싶습니다. 내 뒤에서 문이 닫히기를 원합니다. 창문을 부드럽게 내리고 싶습니다. 주변 환경에서 좋은 향이 내 숨을 가득 채워 기운을 불어넣었으면 합니다."

나는 지금 그런 장소를 소유하고 있다. 당시 그 집은 내 친구인 제리 파커 박사Dr. Jerry Parker의 소유였는데, 나는 "여기가 나의 새 집이 되겠군요."라고 말했다. 그는 나에게 첫 번째, 두 번째, 세 번째 주택 담보 대출을 제공해 주었다.

우리 집의 길가에는 밤에 피는 재스민이 있다. 야자수 땅에 소나무를 심은 이유는 밤중에 솔 냄새 맡기를 좋아하기 때문이다. 계단 벽은 치자나무가 타고 올라간다. 아내의 도움 덕에 집 주위를 아름답게 가꾸는 관상용 원예사를 두고 있다. 우리는 매일 신선한 음식을 먹는다. 일 년 내내 신선한 딸기와 금귤이 있는 남부 캘리포니아에 살고 있다. 그래서 세 살 난 딸이 "아빠, 금귤을 따는 곳에 데려다 주세요."라고 말하게 되었다. 우리는 또 신선한 아보카도를 고를 수 있다.

당신도 도전해 보겠는가? 얼마나 많은 생명 에너지에 접근할 수 있는지 확인해 보지 않겠는가? 우주에서 닫힌계는 우주뿐이며, 아인슈타인은 "우주는 유한하지만 경계가 없다."라고 말했다.

우주는 유일하게 계속되는 자기 영속적이고 끝이 없는 시스템이다. 다른 시스템은 자기 영속적일 수 없다. 이는 당신을 개방형 시스템으로 만들게 된다. 그렇게 당신이 개방형 시스템이라면 최선을 다하기 위해 스스로 결정하지 않겠는가?

신선한 과일과 야채를 직접 썰어서 먹는 일보다 좋은 것은 없다. 나는 유기농 작법을 진심으로 믿는다. 딕 그레고리 Dick Gregory는 그의 작은 책 《대자연의 진정한 요리Mother Nature's Cooking Real Good》에서 말했다.

'덩굴에 가까이 다가갈수록 더 많은 생명력 에너지를 얻게 되며 그것은 신성한 것이다.'

당신은 신선한 사과를 선택한다. 살충제를 뿌리지 않은 것을 알면서도 셔츠에 문지르며 한입 베어 문다. 끝내준다. 사과는 매우 맛이 좋고 활력을 주는 에너지로 가득 차 있다.

딸기를 한입 베어 물었는데 과즙이 흘러넘쳐 정작 본인이 물을 주었다는 사실이 믿기지 않을 정도가 되었다면, 당신은 더 큰 번영을 누리고 있는 것이다. 당신은 자기 몸의 영양 시스템에 최선의 음식을 공급하고 있다는 사실을 알고 있다.

나는 대형 식품 회사를 비난하는 게 아니다. 작물을 직접 길러서 수확하고 제철에 먹는다면 더 강해진 면역 체계로 무한한 건강을 얻게 될 것이며, 몸은 한층 만족스러운 상태가 되어 정크푸드를 갈망하지 않게 된다. 식품 회사들도 이에 동의할 것이다.

번영을 추구한다면 행동을 믿음과 일치시켜야 한다. 이렇게 생각해 보자. 믿는다는 뜻의 believe의 중간 세 글자 lie는 거짓말이다. 번영하고 있다고 믿지 않는다면, 긍정하고 있는 것을 부정하기 시작한다면, 번영의 길에서 벗어나게 되리라는 것을 뜻한다. 좀 진부하긴 하지만, 1퍼센트 의심에도 당신은 아웃이다. 이렇게 말해서는 안 된다.

"내가 부자일지도 몰라. 어쩌면 내가 성공했을지도 몰라."

당신은 그리 될 수도 있고 실패할 수도 있다. 결과를 얻기 전에 마음의 상태가 먼저 존재해야 한다.

마음에서 꺼내기만 하면 그것은 기이하고 훌륭하고 맛이 뛰어난 형태로 돌아온다는 사실을 기억하라. 당신이 그것을 우주에 내놓는 순간, 누군가가 와서 당신에게 아이디어를 줄 것이다. 당신이 적절한 상황이 아니라면 그것을 공격으로 받아들일 수 있다. 적절한 상황이라면 이렇게 말할 수 있다.

"추가하고 개선하겠습니다."

일본 사람들은 오직 의식의 전환을 통해 초기의 삼류 제품을 지금과 같은 명품으로 끌어올렸다.

크리스토퍼 콜럼버스가 새로운 대륙을 만나려면 대서양을 건너가야 한다고 수년째 주장했을 때 사람들의 세계관은 엉망진창이었다. 지구는 완전히 평평하기 때문에 지구 끝까지 항해하면 추락한다든지 용을 만날 수 있다고 믿었던 것은 그리 오래 전 일이 아니다. 콜럼버스는 마침내 에스파냐의 이사벨라 여왕을 설득했는데, 그녀는 이 여행을 보증하기 위해 남편 페르디난드에게 왕관의 보석을 팔게 했다.

콜럼버스는 몇 척의 배를 출항시켰다. 역사책에 따르면, 그의 승무원 중 39명이 반란을 도모했고 돌아가자고 주장했다. 그런 이들에게 콜럼버스는 "헤엄을 쳐서 집으로 가게."라고 말했다.

1퍼센트의 의심으로도 당신은 아웃이다. 콜럼버스는 되돌아갈 수 없었다. 항해를 마친 뒤에야 돌아왔다. 그의 귀환에 이사벨라 여왕과 페르디난드는 모든 홍보 수단을 동원했다. 군주들을 빠짐없이 초대하여 자신들의 성과를 알렸다. 생각했던 대로 콜럼버스가 인디아에 도착한 것이다.

성공하면 비평가들이 출동한다. 그러나 지그 지글러Zig Ziglar

의 말처럼 아무도 평론가의 동상을 세우지 않는다. 가진 자와 가지지 못한 자의 이야기는 해낸 자와 해내지 못한 자의 이야기다. 그래서 에머슨은 "그 일을 직접 하라. 그러면 힘을 얻게 될 것이다."라고 말했다.

어쨌거나 에스파냐 궁정의 한 신하는 콜럼버스를 도발하는 말을 한다. "누구나 해낼 수 있었던 일이지요." 콜럼버스는 기분이 상하지 않았다. 그는 자존감이 높았으며 어떤 권리가 수중에 있었다(번영을 이룩한 사람은 그에 대해 말할 권리를 얻는다). 콜럼버스는 이 무도회를 지휘하는 흰 장갑을 낀 집사를 불렀다. "나에게 삶은 달걀을 가져오시오." 그는 완숙 계란을 궁정 신하에게 건네며 "당신이 그렇게 똑똑하시다면, 20분 동안 달걀을 세워 보십시오."라고 말했다.

신하는 시도해 봤지만 아무런 성과 없이 달걀은 넘어져 버렸다. 위아래로 움직이다가 연단으로 떨어졌다. 누구도 달걀을 세우지 못했다. 그제야 콜럼버스는 달걀을 가져다가 부수고 찌그러뜨렸다. 이제 달걀은 똑바로 섰다. 그는 "이제 방법을 알려 드렸으니 쉽습니다."라고 말했다.

이 책에서 나는 부자가 되는 방법과 그것이 쉬워지는 방식을 보여 줄 것이다. 이는 에이브러햄 매슬로가 인간의 자기실현에 관하여 가르쳐 준 것이다. 누구나 무능함을 모른 채로 세상에 태어난다. 자신이 모른다는 사실을 모르고 관심도 없다. 세 살이 되면 무능함에 대한 자각은 있다. 엄마는 이렇게 말한다. "얘야, 이리 와 봐. 신발 끈 묶는 걸 배우면 좋겠구나." 당신은 의식적으로 유능해지려 한다. 이제 신발 끈을 묶을 수 있다. 너무 잘하게 되면 일상이 되어 보지 않고도 끈을 묶을 수 있다. 잘한다는 것을 의식하지 않는다. 힘들일 필요가 없어진다.

당신의 목표는 애쓰지 않고 번영에 이르는 것이 되어야 한다.

4장

무한한
지성에 접속하라

매월 자동차에 지출하는 돈을 생각해 보자. 최소 수백 달러가 든다. 옷과 머리 모양에 드는 비용도 마찬가지다.

당신은 가치 있는 사람이다. 자신에 대해 좋은 기분을 느끼는 방법을 알아야 마땅하다. 원하는 것은 무엇이든 제공하는 유일한 그것을 통제하는 방법을 터득해야 한다. 바로 마음이다.

우리는 그 어느 때보다 많은 정보를 갖고 있다. 정보 과부하가 발생하는 중이다. 우리 모두에겐 단 하나의 희망이 남아 있는 것 같다. 그것이 우리 내면의 현자에게 직관적인 질문을 하는 것이다.

누구에게나 마음이 있다. 때때로 우리는 "나는 모른다."라고 말함으로써 마음을 혼탁하게 하지만 당신 내면의 현자는 알고 있다. 우리 모두는 인도에서 아카식 레코드akashic record라고 부르는 것에 들어서는 능력을 갖고 있다. 나폴레온 힐은 그것을 무한한 지성infinite intelligence이라고 불렀다. 프랑스 철학자 테야르 드 샤르댕Teilhard de Chardin은 정신권精神圈, noöosphere이라 명명했다. 영적인 사람들은 신이라 부른다. 당신이 그것을 뭐라고 부르는지는 중요하지 않다. 그 무한한 내면의 지성은 알고 있고, 당신은 그것이 알고 있다는 사실을 인지하고 있으며, 그 지성은 오직 진실만을 말한다.

진리를 알면 진리가 너희를 자유케 하리라. 당신 내면의 현자는 "나는 이것을 원한다." 또는 "나는 이것을 원하지 않는다."라고 말한다. 그것은 책을 속독하는 것과 같다. 시작하기 전에 당신은 자신에게 말한다.

"나는 내 의식의 현재 상태에서 나에게 필요한 이 자료를 고를 것이다. 나머지는 나의 정신이 맛보고 소화하고 싶은 때를 위해 남겨 두겠다. 지금 당장은 이것만이 필요하고 내가 선택한다."

나는 파산했을 때 손목을 그으려고 했다. 책 《승리하라Dare to Win》에 쓴 것처럼, '자기 가치가 상승하면 순자산은 자동으로 공식처럼 상승한다.' 나는 자기 가치와 순자산이 같은 것이라고 생각했다. 순자산이 떨어지면 자존감이 제로인 줄 알고 손목을 베고 싶었다.

그때까지는 영감을 주는 오디오를 들어 본 적이 없었다. 나는 충분히 괜찮았고 충분히 건방졌다. 너무 많이 알고 있었다. 그 시기에 나는 다행스럽게도 캐벗 로버트의 〈당신은 원인입니까, 결과입니까?Are You Cause or Are You Effect〉라는 오디오테이프를 듣게 되었다. 그는 '당신은 환경의 피조물입니까, 창조주입니까?'라고 물었다.

내가 창조주라면 파산을 만든 사람도 나였다. 그제야 모든 게 이해되었다. 일이 벌어지고 있었을 때는 알아채지 못했다. 당신이 겪고 있는 많은 문제는 최고와 최악의 경험이 될 것이다. 당신은 왜 그런 일들을 겪게 되는지 알지 못한다. 뒤늦게 알아챌 뿐이다. 이는 통찰력을 제공하지만 곧 시야에서 사라져 버린다.

어쨌든 나는 그 오디오테이프를 들었다. 낡은 폭스바겐에 오디오테이프 플레이어가 있었다. 차를 몰고 다니며 테이프 하나를 287번 듣고, 들을 때마다 확인했다. 캐벗은 '위를 쳐다보면 위로 올라간다.'고 말했다. 나는 '진짜 대단해.'라고 생각했다. 나는 계속해서 속으로 되뇌었다. '캐벗이 내 목숨을 구하고 있다. 언젠가는 어떤 식으로든 그를 섬길 수 있게 된다면, 그렇게

하고 싶다.'

어느 날, 캐벗의 딸 리가 전화를 걸어왔다.

"아빠한테 방금 세 번째 심장마비가 일어났어요. 병이 깊어서 지금 당장 선생님이 전화해 주기를 원하세요."

나는 답했다.

"아버님을 위해서라면 뭐든지 할게요. 그는 제 목숨을 구했습니다."

내가 캐벗에게 전화하자 그는 이렇게 말했다.

"내가 지킬 수 없는 이 약속을 대신 해 주겠나? 생각보다 조금 더 오래 입원을 하게 될 것 같네."

그는 그때 병원에 가는 것을 양치질을 하거나 치과에 가는 일 마냥 여기고 있었다. 퇴원하면 곧장 기차역으로 달려갈 생각이었다. 나는 기꺼이 일을 떠맡았다.

캐벗 로버트는 우리 각자가 인생의 5년 이상을 차 안에서 보내게 될 것이라고 가르쳤다. 캐벗의 제안은 운전 시간을 학습 시간으로 만드는 것이었다. 영감을 주고 교육적이며 동기를 부여하는 오디오테이프를 듣자. 바퀴 달린 작은 교실을 마련하자. 감정적으로 우울하다면 오디오가 기운을 북돋워 준다. 기분이 좋은 상태라면 한층 고양될 것이다.

영감을 주는 오디오를 들을 수 있는 가장 좋은 시간은 운전하며 출근하는 아침이다. 몽롱한 가수면 상태에서 깨어나기 때문이다. 잠이 들 때 당신은 졸음에 빠져드는 가수면 상태가 된다. 이 두 번의 상태에서 의식이 가장 말랑말랑하고 조형이 가능하며 변형성이 높아 진다.

나는 오디오테이프에 중독되어 있다. 내 차는 다른 사람들의 오디오로 가득 차 있다. 게다가 나는 이런 통찰, 지혜, 놀라운 아이디어를 공유할 수 있다고 믿기 때문에 가장 친한 친구들과 훌륭한 오디오테이프를 공유한다.

우리 중에는 몸을 단련하고 운동하는 것을 별로 즐기지 않는 사람이 있다. 나는 운동할 때 오디오 듣는 것을 좋아한다. 땀을 흘리는 것도 좋아하는데 이렇게 하면 두 가지 이점을 동시에 얻는 셈이다. 배우고 건강해진다. 배우는 동안에는 운동의 스트레스, 버거움, 고통조차 인식하지 못한다.

오디오는 심오하고 때로는 초월적인 수준의 사고로 당신을 끌어올릴 수 있다. 나처럼 볼륨을 크게 하고 윗몸 일으키기를 하는 것을 즐기는 사람이 있을지는 모르겠다. 하지만 적어도 오디오는 운동을 방해하지 않는다.

마음의 운동을 하자. 긍정적인 정신 태도를 갖자. 과외 교사를 구하라. 오디오는 최고의 교사다. 오디오테이프는 저렴한 편이며 영구적이다. 마스터 마인드 파트너와 공유할 수 있고 들고 싶을 때 언제든지 켤 수 있다. 얼 나이팅게일은 "오디오 녹음은 구텐베르크 인쇄기보다 더 중요하다. 오늘날 전체 인류에서 글을 읽을 수 있는 사람은 50%에 불과하지만 청각 장애인을 제외하면 100%가 들을 수 있기 때문이다."라고 말했다.

당신이 오디오 듣기와 독서를 마쳤다면 부탁할 것이 하나 있다. 누구든지 간에 성장을 갈망하고 조금이라도 동기 부여를 받고 싶어 하는 사람이 있다면 오디오와 책을 공유해 달라는 것이다. 내 동료 중에도 이를 희망하지 않는 이들이 있다는 사실을 알고 있다. 그들은 "저작권이 있는 자료입니다."라고 계속 강조한다. 마치 신이 번개로 당신의 머리를 내리칠 것처럼 행동하지만 나의 관점은 다르다. 나는 공유하기를 바란다. 이것이 내가 강연 현장의 훌륭한 청중들 바로 앞에서 녹음을 했던 이유다.

캐벗은 또한 긍정적인 태도를 유지하기 위해 시간 간격을 두고 반복 학습을 해야 한다고 강조했다. 배워야 할 것을 계속해서 반복하는 것이다. 어린아이들은 반복을 잘한다. 무엇인가를 배우기 위해 당신은 그것을 계속 반복해야 한다.

딸아이들이 어렸을 때 나는 밤마다 두 시간 동안 책을 읽어 주었다. 마지막으로 선택하는 책은 아이들이 가장 좋아하는 《꼬마 기차The Little Engine》였다.

"나는 할 수 있다고. 나는 할 수 있어. 나는 할 수 있어. 그래, 해냈다고 말할 거야."

우리는 이 책을 수백 번 읽었다.

우리는 무엇인가를 습득하든지 잊어버린다. 듣는 것의 64퍼센트는 24시간 안에 사라진다. 98퍼센트는 일주일 안에 사라진다. 《성공의 법칙Psycho-Cybernetics》의 저자인 맥스웰 몰츠에 따르면 뭔가를 배우는 유일한 방법은 같은 생각을 17번에서 21번 반복하는 것이다.

때때로 오디오테이프를 당신과 같이 변화에 앞장서는 사람보다는 불만 가득한 배우자나 화가 충천한 십대 자녀와 공유하고 싶을 것이다. 연설할 때 보면, 이따금씩 배우자의 옆구리를 푹 찌르며 말하는 사람이 있다.

"이런. 우리 얘기잖아. 당신에게 말하고 있다고."

어떤 사람은 테이프를 집으로 갖고 가서 이렇게 말한다.

"그 강연을 내가 들었는데, 당신도 들어 봐."

그러나 이것은 참여 프로그램이 아니다. 부디 세심하게 접근하길 바란다. 차를 타고 다니다가 테이프 중 하나를 틀어 보자. 동석자들이 웃기 시작할 것이다. 그러면 이해도 따라온다.

내가 십대들에게서 받은 편지를 공유할까 한다. 최근에 받은 편지에는 이렇게 쓰여 있었다.

"선생님의 강연을 듣기 전까지는 제가 여드름인 줄 알았어요."

라스베이거스 프로그램을 진행하는 중에는 한 어머니가 찾아와 눈물을 흘리면서, "십대의 자살에 관한 영화를 보셨습니까?"라고 물었다.

"네, 부인."

"저도 봤어요."

"자녀에게 자살을 생각한 적이 있는지 물어보십시오."라고 나는 그녀에게 말했다.

프로그램을 마친 뒤 나는 그 어머니에게 물었다.

"물어봤나요?"

내가 물은 이유는 나는 답을 알고 있었기 때문이다.

'그 아이는 잘생겼고, 대학도 갈 것이고, 멋진 여자 친구도 있다.'고 미리 생각했다.

그런데 아들은 엄마에게 "예, 엄마, 다섯 번이나."라고 답했다. 그의 가장 친한 친구가 3주 전에 목숨을 끊었다. 어머니는 아들에게 "너는 왜 멈추었니?"라고 물었다.

아들은 "엄마가 마크의 책 《미래 일기Future Diary》를 읽어 보라고 했잖아요. 거기에는 인류에 위대한 공헌을 할 때까지 죽기를 두려워해야 한다고 쓰여 있어요. 나는 아직 기여한 게 없거

든요."라고 말했다.

아이들은 목적이나 의미가 전혀 없다고 생각할 때 극단적인 선택을 한다. 그래서 나는 부모들에게 자녀에게 《미래 일기》를 가져다 주라고 요청한다. 누구도 그 아이들에게 어떻게 해야 인생을 성공적이고 충만하게 꾸려갈 수 있는지, 목표를 어떻게 설정해야 부자가 될 수 있는지 가르쳐 주지 않았다.

5장

피그말리온 효과

피그말리온이라는 조각가에 관한 그리스 신화가 있다. 그는 여인의 조각상을 만들었는데 너무 아름다운 모습에 조각상과 사랑에 빠졌다. 그의 지극한 사랑은 조각상을 살아나게 했다.

위대한 극작가 조지 버나드 쇼는 이 신화에서 영감을 받아 유명한 희곡 〈피그말리온〉을 썼다. 이 희곡은 나중에 뮤지컬 〈마이 페어 레이디〉로 제작되었다. 여기서 히긴스 교수와 그의 파트너는 어린 엘리자 둘리틀을 6주 동안 실험실에 데려간다. 그녀를 왕족이라 불릴 만한 우아한 여성으로 변모시켰는데 누구 한 사람 그녀가 어디 출신인지 식별할 수 없었다. 그녀는 누더기 처지에서 계급, 품위, 특별함, 에티켓, 위풍당당함을 갖춘 부자로 변신하도록 초고속 교육을 받았다.

이것이 내가 말하고자 하는 과정이다. 현대 심리학에서는 이를 피그말리온 효과라고 부른다. 당신은 지금 있는 곳에서 원하는 곳으로 자신을 옮기면 된다.

다가올 6주 동안의 숙제는 다음과 같다. 매일 잠에서 깨어날 때, "나는 부자다, 나는 부자다, 나는 부자다."라고 외치자. 노래를 부르자. 당신의 희망, 꿈, 미래에 가닿자. 인생의 진정한 기쁨은 자신을 포함해 모든 사람이 강력한 목적이라고 인정하는 것에 삶을 던지는 일이다.

이 책에서 나는 당신이 이룰 더 큰 선의를 위하여 온갖 잔소리꾼을 자처하고 있다. 당신이 이 책을 읽은 뒤에 다시는 이전과 같은 습관 패턴으로 돌아가지 않기를 바란다. 새롭게 생각하자. 큰 소리로 외치자.

"생각이 새로워지고 있다."

지금 새로운 생각을 하고 있다면 성공을 쓰고 있는 것이다. 거기에는 존재할 자유, 행동하고 가질 자유가 있다.

말해 보자.

"나에게는 자유가 있다."

자유에 관해 더 이야기하고 싶다. 내 친구 나오미와 짐 로드는 피닉스에서 세만토도닉스Semantodonics, 나중에 Smart-Practice로 개명라는 회사를 소유하고 있다. 매년 5천만 달러를 벌어들였는데 당시는 치과 의사만 훈련시켰다. 그들은 수백 명의 치과 의사와 치열 교정의를 중국으로 데려가 한 명도 빠짐없이 자전거로 만리장성 전 구간을 완주하게 했다.

며칠 뒤 나오미가 중국의 어느 가게에 들렀을 때였다. 카운터에는 중국인임이 분명한 키가 크고 점잖은 신사가 서 있었다. 나오미는 천진난만하게 "만리장성을 보았나요?" 하고 물었다.

"아니요, 보지 못했어요."

나오미는 놀랐다. 이 일화는 중국이 개방되기 전, 사람들이 파란색과 회색 옷 중 하나를 입고 일하던 시절의 얘기다. 그녀는 "왜 만리장성을 보지 않았습니까?"라고 물었다.

"여기 중국에서는 한 달에 29일, 하루 12~14시간 동안 일합니다. 평생 동안 집 밖으로는 47킬로미터까지만 갈 수 있어요."라고 그 남자는 답했다.

그는 계속해서 다음과 같이 말했다.

"나는 영어를 유창하게 구사하며, 국내에서 MBA와 동등한 자격을 취득했어요. 그러나 평생토록 이 비좁은 카운터에 붙어서 일할 겁니다. 여기가 내 영역이고 구역이니까요."

"꿈이 있나요?"

"예, 하나 있습니다."

"그게 뭔데요?"

"미국에 가고 싶어요."

"왜 그런가요?"

"미국에서는 성공할 수 있기 때문입니다."

"어떤 성공을 말하는 건가요?"

"거기에서는 원하는 시간에 원하는 사람과 원하는 만큼 원하는 대로 할 수 있지요."

중국에는 진정한 자유가 없다. 미국에 자유가 존재하는 이유는 우리 조상들이 자유 기업을 믿었고 이를 기반으로 하는 헌법과 법률을 확립했기 때문이다. 감사한 일이다. 감사의 마음을 갖자. 그것으로 번역하자. 당신 자신과 다른 모든 사람의 이익을 위해 자유를 사용해야 한다. 이는 신성한 약속인 동시에 영원히 보호되고, 지켜지며, 소중히 여기고, 보장되어야 하는 것임을 기억해야 한다. 이러한 원칙이 미국을 세계에서 가장 위대한 국가로 만들었다. 우리는 힘들게 얻은 권리와 특권을 수호해야 한다.

에이브러햄 매슬로는 결핍과 비판이 아니라 총체적이며 수용하는 인지적 존재 가치에 대해 말했다. 내 생각에 그중 하나는 정신적 자유다. 마음이 자유로워야 한다.

잠시 눈을 감고 당신이 자유롭다고 느껴 보자. 우리는 이 책에서 다루고 있는 경제적인 면에 초점을 맞출 것이다. 당신에게 자유란 무엇인가? 단지 청구서를 지불하는 것인가? 먹을 만큼만 소유하면 되는 건가? 10만 달러, 100만 달러, 500만 달러, 1000만 달러인가? 당신에게 충분한 것이 무엇이든지 간에 "나는 지금 그것을 얻었고, 그것을 느낄 수 있다."라고 스스로에게 말하자.

상상이라는 은행 계좌에 모든 풍요와 기쁨, 모든 관계를 쏟아부어 보자. 당신이 갖기를 희망했던 모든 관계가 이제 당신의 것임을 아는가. 어떤 것도 당신의 것이며 더 많은 것이 다가옴을 아는가. 이제 눈을 떠도 된다. 기분이 좋아졌는가? 이는 당신이 경험하고자 선택할 수 있는 의식 상태다. 그런 상태를 경험한 뒤에는 좀 더 자신감이 생기지 않았는가?

나는 당신이 삶의 기쁨을 충분히 경험하고, 개인적인 부와 재정 안정을 이룬 뒤, 다른 사람도 그렇게 하도록 영감을 주기를 바란다. 내가 믿는 바로는, 당신이 정말로 최고의 삶을 살고 있다면 무슨 일을 하고 있든지 최소한 한 달에 한 명에게는 영감을 줄 수 있다. 척추지압치료사(사실 직업은 무관하다)들과 대화를 나눴을 때 나는 이렇게 말했다.

"여러분이 정말로 좋은 일을 하고 있다면, 희망컨대 많은 이들을 여러분과 같은 직업으로 인도하길 바랍니다."

완전히 제 역할을 다하고 제약이 없는 인간이 되어 보자. 개인적인 성취를 경험하자. 높은 자존감을 경험해 보자. 선택받은 존재가 되는 것이다. 인생은 위대하며 가능한 한 가장 풍요로운 방식으로 살겠다고 결정하자. 자존감은 당신이 창조한 것의 최전선이다.

1에서 10까지 척도를 사용했을 때, 10이 완벽하고 결함 없는 상태를 뜻한다고 하자. 갤럽의 조사 결과, 대다수 미국인은 자신이 6 이하에 해당한다고 표시했다. 감정적인 면에서 이 수치가 지닌 문제점은, 6 이하로 표시한 사람은 5, 4, 3, 2, 1인 사람하고만 어울리고, 일하고, 놀고, 사랑하고, 결혼한다는 것이다.

자존감은 우리가 살아갈 물질적 수준을 결정한다. 타고 다니는 차는 자존감의 수준을 보여 준다. 살고 있는 집과 그 집을 관리하는 방식, 입는 옷, 만나는 사람도 마찬가지다. 이 모든 것은 내면의 자존감이 밖으로 표현된 것이며, 당신이 변화할 준비가 되면 모두 바뀔 수 있다.

영적인 측면에서, '나는 어떠하다.'는 자기 선언에 무엇을 추가하든 그렇게 이루어진다. 무엇을 바꾸고 싶든지 감정과 믿음에서부터 시작하자. 자기 선언에 덧붙인 말은 삶의 나침반이 된다. 내면의 자기 선언은 마음, 두뇌, 심장을 위한 GPS와 같다.

바로 지금, "나는 어떻다."라는 자기 선언을 크게 말하자. 그리고 당신이 얻으려는 상태나 되고 싶은 것을 추가하자. 번영을 위해 우리 자신을 조정할 때, 가장 첫 번째 문장은 '나는 내 인생에서 자기 완성형 번영을 만들고 있다.'이다.

이 문장을 인덱스카드에 쓰고 100달러 지폐로 감싸서 휴대하기를 권한다.

우리가 좀 더 나아가야 한다고 생각한다. 스스로 충족할 대상을 구하는 자기 완성형 번영을 누릴 수 있다면, 자기 완성형 사랑에도 이르지 않겠는가? 또한 자기 완성형 행복, 기쁨, 올바른 우정, 무한한 선함은 어떤가? 당신이 원하는 것을 자기 선언에 추가하라. 마음은 한 번에 하나의 생각만 담을 수 있기 때문에, 원하지 않는 것은 제외하고 원하는 것을 얻을 수 있다. "나는 훌륭한 부모다. 나는 위대한 남편 또는 아내다."라고 말하자. 서로 단단히 묶여 있다면, 위대해지지 않을 까닭은 무엇인가?

번영에서 누리는 권리 중 하나는 완전한 사랑을 받을 권리를 갖는다는 점이다. 당신은 홀로 있지 않을 권리에 그치지 않고 우주 전체와 하나됨을 즐길 권리가 있다. 홀로라는 영어 alone에 알파벳 L을 하나 더하면 모두와 하나인 all one이 된다. 우리는 모두 하나다. 이는 이제 우리가 이 행성에서 처음으로 더 높고 더 좋고 더 유토피아적인 수준에서 통합하고 있음을 의미한다. 버키 풀러는 뛰어한 책《유토피아 또는 망각Utopia Oblivion》을 썼다. 나는 망각이 참을 수 없고 용납할 수 없는 것이며, 이를 방지하기 위해서는 근본적인 풍요로움을 창조해야 한다고 생각한다. 이 과제는 기술 혁신으로 인해 인류 역사상 처음으로 완벽히 가능해졌다. 지금 우리는 유토피아를 만들 수 있다.

번영의 본보기인 월트 디즈니Walt Disney는 어느 날 친구인 아트 링클레터Art Linkletter에게 전화를 걸었다.

"일요일 낮 2시까지 준비해. 차를 조금 타고 오렌지카운티로 가 보세."

둘은 애너하임이라는 도시에 도착했는데 온통 오렌지 나무뿐이었다. 디즈니는 연예인인 그의 친구를 차에서 내리라 하고는 여기저기 데리고 다니며 말했다.

"아트, 보이지 않아? 여기 퓨처랜드가 있어. 신데렐라의 성도 있고 캐리비안의 해적도 있지."

디즈니는 눈앞에 펼쳐진 미래의 디즈니랜드를 시각화할 수 있었다.

아트는 디즈니가 여러 차례 재정 상태를 벼랑 끝까지 몰고 갔던 점과, 상당한 재산과 부를 망치고 날려 버린 걸 잘 알고 있었다. 한 걸음 내디딜 때마다 아트는 잔걱정을 늘어놓았다.

"안 돼, 안 돼, 나는 자네의 꿈에 투자하지 않을 거야."

그는 월트가 구상한 것과 만들고 있는 것을 볼 수 없었다. 디즈니는 추락했을지는 모르지만 항상 위를 올려다보고 있었다. 미래지향적이고 선견지명이 있는 예술가이자 몽상가인 그는 일찌감치 50년 전에 그가 가고 싶은 곳을 그림으로 그려 두었다.

디즈니는 엡콧EPCOT, Experimental Prototypical Community of Tomorrow 이라는 미래 도시를 구상했다. 1966년 그가 사망한 뒤 디즈니 사는 실제 도시라는 아이디어를 포기하고 대신에 기술 혁신을 기반으로 한 엡콧 센터Epcot Center라는 테마 파크를 만들었다. 엡콧 센터는 1982년 플로리다주 올랜도의 디즈니월드에 문을 열었다. 2019년에 전체 디즈니월드 단지는 전 세계에서 2040만 명의 방문객을 유치했다. 세계에서 가장 많은 사람이 방문한 테마파크이다.

우리는 월트 디즈니처럼 50년에서 백 년 목표를 갖도록 심오한 영감을 얻어야 한다. 꿈을 꾸고, 비전을 갖고, 당신이 가져 마땅한 운명을 추구하는 것에는 돈이 들지 않는다. 당신도 월트가 한 것처럼 위대하고 영감을 주는 유산을 남길 수 있다.

목표를 세울 때는 장기간을 염두에 두고, 나아가 영구적인 지속성을 고려하도록 하자. 당신의 뒤에도 무엇인가를 남겨 두라. 얼마가 소요될지 비용은 중요하지 않다.

로버트 슐러Robert Schuller Sr. 박사는 캘리포니아 가든 그로브에 장엄한 크리스탈 교회Crystal Cathedral를 지을 계획을 세웠다. 한번은 건축가 필립 존슨Philip Johnson과 이야기를 나누었다. 존슨은 "돈이 얼마나 있습니까?"라고 물었다.

슐러는 "나는 빈손입니다."라고 답했다.

존슨은 "그럼 아무 소용없는 계획이네요."라고 말했다. 존슨처럼 수첩을 갖고 따지면, 할 수 있는 것보다 할 수 없는 것을 생각하게 된다.

결국 슐러는 온갖 노력을 기울인 끝에 사람들이 천 년 동안 방문할 교회 중 하나를 건립했다.

슐러는 "결정을 한 뒤 규정을 찾으십시오."라고 말했다. 넌센스처럼 들리지만 그것이 일이 되는 방식이라고 장담한다. 월트 디즈니는 결코 이렇게 말하지 않았다. "맙소사. 비용이 얼마나 들까요?" 그건 중요하지 않다. 디즈니와 슐러 같은 사람들 그리고 당신과 나에게는 무한한 돈이 대기하고 있다.

우리에게는 가용할 수 있는 무한한 자원이 있다. 지금 당장 큰 소리로 말하자.

"무한한 자원을 사용할 수 있다."

"지금 만나야 할 사람들을 모두 만나고 있다."

지금 당장 말하자.

"나는 무한하다."

자존감은 어떻게 만들어지는가? '네 이웃을 네 몸과 같이 사랑하라.'는 말을 알고 있을 것이다. 그 뜻은, 당신이 다른 사람을 사랑하기 전에 당신 자신부터 사랑해야 한다는 말이다. 다른 사람을 사랑하는 것보다 더 많이 당신을 사랑해야 한다. 그렇게 되면 마치 오리의 등을 타고 흘러내리는 물줄기처럼 당신에게서 사랑이 흘러 나온다. 이제 가슴에 손을 얹고 말하자.

"나는 나를 좋아한다."

당신이 자기 자신을 좋아하지 않는다면 다른 누구도 그렇게 할 수 없다. 자존감을 높이려면 하루에 50~100번은 자신을 좋아한다고 스스로에게 말해야 한다. 이를 약간 변형해 이렇게 말해 보자.

"지금 어떤 좋은 일이 일어나고 있지? 나에게 어떤 행복하고 풍요로운 일이 일어나고 있나? 어떻게 하면 자신의 삶과 다른 이의 삶까지 나아지게 할까? 아무도 더 나빠지지 않게 만들 수 있을까?"

당신의 경험 속에서 어떤 일이 일어나고 있는가? 이런 질문을 하고 답을 찾으면 사고력이 향상된다. 긍정적인 자기 대화와 긍정적인 질문으로 삶을 변화시킬 수 있다.

나는 사람들이 자존감을 키우도록 가르친다. 위에서 말했듯이 우리 각자는 긍정적이고 올바른 방식으로 자신을 좋아하고 사랑해야 한다. 적어도 한 달간은 하루에 50번 이상 "나는 나를 좋아한다!"라고 반복해 말해 보자. 자존감이 치솟을 것이다. 당신은 이제 사고방식과 자아상을 확장했다.

한번은 부모님이 자기 남자 친구를 '형편없는 녀석'이라 불러서 괴롭다는 여성과 비행기 옆자리에 앉았다. 나는 그녀에게 물었다.

"그는 그런 사람인가요?"

"그렇다고들 할 것 같네요."

꽤 깊은 대화를 나눈 뒤 나는 그녀에게 말했다.

"몇 가지 간단한 질문을 할게요. 지금부터 5년 뒤 그와 함께 있다면 행복할까요?"

"아니요."

"지금부터 5년 뒤, 당신은 그 남자의 아기를 안고 있습니다. 행복해질까요?"

"아니요."

"그럼 왜 지금 그와 함께 있나요?"

"그렇지 않으면 나는 외로웠을 거예요."

나는 이 외로운 여성에게 다음과 같은 확언을 사용하도록 설득했다.

지금 말해 보자.

"나는 혼자 있을 때의 내가 좋다."

다음은 자존감을 주는 세 가지 문장이다.

1. 나는 나를 좋아한다.

2. 나는 혼자 있는 내가 좋다.

3. 나는 다른 사람과 함께 있는 나를 좋아한다.

이는 360도 전 방위를 포괄하여 우리의 자존감 사고를 간단하고 기억에 남게 만든다.

버키는 "무엇이든 하려면 광범위를 다루고 예상을 앞서가는 과학적인 설계자가 돼라."고 말했다. 즉 전체 그림의 안팎을 뒤집어서 바라봐야 한다. 누구나 자신만의 제한된 생각에 빠질 수 있다. 하지만 전체 그림을 더 크고 희망차고, 더 뛰어난 방식으로, 더 과감하게 만드는 방법을 알아내지 않겠는가? 자존감이 높아짐에 따라 주변 사람들도 고양된다. 당신이라는 좋은 본보기가 그들의 자존감을 높일 것이다. 모든 사람의 자존감이 올라갈수록 당신의 미래는 더 번영하는 쪽으로 설계될 수 있다.

번영하는 미래를 예상하는 일은 안팎을 뒤집는 게임이다. 어디를 봐야 하는지, 무엇을 찾아야 하는지, 내면의 어디를 봐야 하는지 알아야 한다.

매일 아침 7시 30분에 월트 디즈니는 직원들에게 "나의 상상이 나의 현실을 만듭니다."라고 말했다. 상상은 모든 표현, 관계 및 구체화의 시작이다. 나는 파산해서 거꾸러졌을 때, 나 자신이나 나에게 일어나는 일을 전혀 좋아하지 않았던 그때에, 세미나를 하게 될 자신을 상상했다. 삶을 바꿔 낼 변혁을 가져올 중요한 것들에 관심이 있는 사람들과 이야기하는 자신을 상상했다. 나는 내 자신의 현실을 만들고 있다.

프랜시스 포드 코폴라Francis Ford Coppola의 〈페기 수 결혼하다 Peggy Sue Got Married〉라는 영화가 있다. 중년의 페기 수가 불행감에 시달리던 어느 날, 20년 전 과거로 돌아가는 타임워프를 하게 된다. 거기서 그녀는 괴짜인 남자를 만나게 되는데, 이런 질문을 듣는다. "페기, 조언 좀 해 봐. 뭘 해야 대박을 칠까?" 페기 수는 그에게 빅 사이즈의 휴대용 라디오, 미니어처 TV, 테니스 신발, 팬티스타킹에 투자해야 한다고 알려 준다. 이 영화가 1986년에 제작된 점을 감안하면 이 모든 것이 이해가 된다.

1967년 영화 〈졸업The Graduate〉에서 주연인 더스틴 호프만 Dustin Hoffman은 미래는 플라스틱에 있다는 얘기를 듣게 된다.

또 다른 1986년 영화 〈조니 5 파괴 작전Short Circuit〉은 인공 지능 분야가 갈 길을 예언했다. 인공 지능을 탑재한 로봇이 한 여성의 집에 침입해 브리태니커 백과사전을 나노초 만에 읽고

TV를 보며 존 트라볼타처럼 그녀와 춤을 춘다.

여기서 번영과 관련하여 주목할 점은 예술이 종종 비즈니스의 미래를 내다본다는 것이다. 직관적인 예술가, 영화 제작자 및 작가는 큰돈을 벌 수 있는 곳을 종종 정확하게 예상할 수 있다. 당신 내면의 현자에게 그간 보았던 영화들을 바탕으로 수익성 좋은 투자처가 무엇일지 정확히 일러 달라고 요청하자.

이제 문제는 미래에 기회가 더 많을 것인지 아닌지의 여부다.

휴대 전화, 위성 통신, 5G 등으로 인해 세계 인구의 절반인 40억 명이 새롭게 온라인에 접속하게 되면 더 많은 기회가 태동할 것이다.

나는 태도가 모든 것이라고 믿는다. 당신은 할 수 있다고 생각하거나 할 수 없다고 생각하는 기본적인 태도를 갖고 있다. 긍정적인 마음가짐을 지녀야 비범한 미래를 창조할 수 있다.

토니 로빈스Tony Robbins는 두려움의 사슬을 끊기 위해 '석탄불 위 걷기'를 대중에게 퍼뜨리며 유명해졌다. 그는 NLP신경 언어 프로그래밍라는 마인드컨트롤 방법의 대가이며 전 세계에서 이를 가르친다. 수백만 명이 불 위를 걷고도 화상을 입지 않도록 영감을 주었으며, 베스트셀러 《거인의 힘 무한 능력Unlimited Power》을 집필했다.

토니는 나에게 매일 잠에서 깬 지 30초 내에 아침 10시의 컨

디션을 갖게 해 주는 임파워먼트 방법을 가르쳐 주었다. 그는 남자든 여자든 간에 최강의 임파워먼트 단어는 긍정적인 "예스."라고 말한다.

가장 좋아하는 스포츠 팀이 가장 강력한 라이벌과 경기를 하고 있다고 가정해 보자. 끝나기까지 30초만 남아 있고 두 팀은 동점이다. 만약 당신이 우렁찬 목소리로 주먹을 흔들며 "예스!"를 외치면 당신이 응원하는 팀이 이길 것이다.

내일 아침 가장 먼저 할 일은 배우자나 자녀나 누가 보든지 신경 쓰지 말고 알몸으로 침실의 전신 거울 앞에 서는 것이다. 깊게 숨을 들이쉬고 외치자. "예스, 예스, 예스!"

그렇게 하면 헬렌 레디Helen Reddy의 노래처럼 "나는 무적이다."라고 말하는 것이다. 마침내 당신은 일등석을 타고 전 세계를 돌아다니며 여행하게 될 것이다. 이것이 내가 추천하는 방법이다. 결국 당신은 파리에 도착해서 최고급 호텔에 머물게 될 것이다. 15시간의 시차를 겪을 것이고 아침 6시에 버스 투어를 떠날 준비를 하고 거울 앞에서 "예스!"라고 외칠 것이다. 옆방의 파리지앵들은 "저 아름다운 사람들!" 하며 감탄할 것이다. (이게 믿겨지는가? 나는 콜로라도에 당신을 위한 오션뷰 저택을 갖고 있다.)

짐 론Jim Rohn이 말했듯이 태도는 잠재력과 신념을 결정한다. 당신의 잠재력과 신념은 당신이 취하는 행동을 결정하고 당신이 얻는 결과를 결정한다.

핵심은 이렇다. 누가 당신의 태도를 소유하고 있는가? 바로 당신이다.

나는 당신에게 의식과 무의식에 부자의 태도를 새겨 넣을 것을 요구한다. 그것을 당신의 생각에 고정시켜 평생토록 번영을 당신의 강박 관념 중 하나로서 배제하는 게 아니라 포함시켜라. 번영은 당신에게 더 많은 선택을 제공하는 또 한 대의 자동차이거나 또 하나의 편의 시설일 뿐이다.

더 많은 옵션이 필요한 시대다. 내가 어렸을 때는 TV에 채널이 3개였다. 요즘은 채널이 500개가 넘는다. 당신이 TV에서 나를 찾는 방법을 안다면, 하루 24시간 온종일 나를 볼 수 있다. 놀랍지 않은가. 원하는 것은 무엇이든 가질 수 있다.

당신은 할 수 있다고 믿는 만큼 부자가 된다. 믿음을 긍정적으로 바꾸면 더 큰 부를 이룬다. 반대로 부정적으로 바꾸면 더 가난해진다. 그것이 부자가 더 큰 부자가 되는 이유다. 그들은 부자의 사고방식을 갖고 있기 때문이다.

생각이 돈을 벌어다 준다. 우리는 기본적으로 "나는 이만큼의 가치가 있다."라고 말하는 온도 조절기를 갖고 있다. 바로 당신이 벌어들이거나 만들어 내는 금액 말이다. 온도 조절기처럼 희망하는 부의 크기도 변경할 수 있다. 마음속 부자의 온도 조절 장치를 바꿔 보길 바란다. 기준 온도를 높이 설정하고 모두가 더 나은 삶을 살게 하자.

경제에 무지한 반기업 정치인, 금수저 젊은이들과 학자들은 "우리는 부를 나누어 보편적 소득을 주어야 한다."고 말한다. 그들은 다른 이들의 세금을 공유하기를 원한다. 그러나 자기 손으로 돈을 벌어 본 사람이라면 그런 식으로 돈을 나눌 수는 없다고 말할 것이다. 왜냐하면 부자의 돈을 모두 빼앗아 나눠 줘도, 부자들은 자신들의 깨어 있는 의식으로 되찾을 것이기 때문이다.

'갖고 있음'은 의식 상태이다. 부자는 그들의 의식 덕분에 부자가 된다. 우리는 부자가 되기 위해, 나아가 영원히 부자로 남기 위해 각자의 의식부터 풍요롭게 가꿔야 한다. 돈은 풍요로운 의식 상태를 개발하여 완벽히 준비된 사람에게 흘러 들어간다.

프로듀서 메브 그리핀Merv Griffin은 한 달에 한 번꼴로 새로운 게임 쇼를 만들었는데 하나도 빠짐없이 히트를 쳤다. 성공 요인이 무엇이었을까? 그는 진심을 담아 자신과 대화를 했다. "나는 매달 새로운 게임 쇼를 만드는 방법을 알고 있다."라고 말했기 때문에, 참신한 아이디어가 계속해서 그의 의식을 두드린 것이다. 평범한 말로는 이렇게 표현했다.

"내 비즈니스는 잘 돌아가고 있다."

나의 어머니는 우리 형제에게 "발이 차가우면 감기에 걸린다."고 말씀하시곤 했다. 나는 절대로 감기에 걸리면 안 된다고 프로그래밍 되었다. 나는 지금 각종 방한용품을 갖고 있다.

지금도 나는 추운 지역을 여행할 때 방한 신발을 가져가는데 어릴 때 생각이 감정적으로 각인되었기 때문이다. 그것은 내 잠재의식에 새겨져서 현실 경험으로 표출된다. 어떻게 해서든 막아 낼 도리가 없다.

나는 아내와 스키를 타러 갈 때마다 방한복 때문에 땀을 많이 흘린다. 머리카락에 고드름이 주렁주렁 매달리면 아내는 지적한다.

"오, 맙소사. 머리가 차갑게 젖어 있으면 감기에 걸려요."

나는 "어머니는 그런 말씀을 하신 적이 없어. 그러니까 그 말은 믿을 수 없고 믿지도 않을 거야."라고 답한다.

이러한 신념 중에 어느 것도 실질적인 근거는 없다. 우리는 각자 마음속에 심어진 각양각색의 생각과 함께 성장했고, 이는 우리의 상상 속에 확고히 자리 잡았기에 도저히 지울 수가 없을 뿐이다. 우리는 할 수 있는 것과 할 수 없는 것, 어떻게 부자가 된다거나 될 수 없다는 식의 얘기를 들어 왔고, 이는 현실 경험을 통제하는 요소로 작동된다.

자기 계발서 저자이자 사업가인 W. 클레멘트 스톤W. Clement

Stone은 무일푼 세일즈맨으로 시작하여 보험 회사를 설립한 인물이다. 그는 에이온코퍼레이션Aon Corporation을 키워 내며 억만장자가 되었다. 그는 이렇게 말하곤 했다.

"노력의 대가로 모든 것을 얻을 수 있고 잃을 것은 전혀 없다면, 부단히 노력하라."

당신이 얼마나 번영할 수 있는지 알아보지 않겠는가? 그것은 마음 깊은 곳에서 새로운 합의를 시작해야 한다는 사실을 뜻할지 모른다. 한층 고매하고 영적인 자아로 도약해야 함을 의미할 수도 있다.

거대한 물줄기에 휩쓸려 앞으로 나아가게 될 때가 있다. 스티브 잡스와 스티브 워즈니악이 애플을 시작할 때 둘은 마스터마인드 파트너였다. 당시에 함께 참여하거나 주위에 있던 58명의 사람들은 한 사람도 빠짐 없이 백만장자가 되었다.

사업이나 투자를 올바르게 설정하면 끝도 없이 수익이 나고 흘러넘치는 부를 얻게 된다. 버키 풀러는 나에게 돈의 성장은 무한하다고 가르쳤다. 왜 무한한가? 나에게는 한계가 없기 때문이다. 나는 무한한 창조주의 형상으로 만들어졌다. 그러므로 무한히 창조할 수 있는 무한 능력, 기술, 재능을 갖고 있다. 이는 우리 모두에게 해당된다.

우리는 제한이 없는 창조 경제의 시대를 살고 있다. 따라서 지금 지구에 살고 있는 80억 명 모두가 백만장자가 될 수 있는 충분한 돈이 있다.

당신은 "내 경험으로는 무한하지 않던데요."라고 말할지 모른다. 도대체 무한함이 어디에 있는지 보여 주도록 하겠다.

누구든지 한계에 갇히지 않고 상품과 서비스를 만들고 거래할 수 있다. 유일한 한계야말로 당신의 생각이다. 핵심은 인식을 바꾸면 결과도 바뀐다는 점이다.

6장

파이의 크기

동산을 매입하기 위해 캘리포니아에 갔을 때 일어난 일이다. 주택 가격과 임대료가 너무 올라서 겁이 날 정도였다. 슈퍼스타급 부동산 중개인이자 연사인 마이크 페리Mike Ferry는 현금 흐름이 마이너스인 부동산에 투자할 것을 권했다.

나는 물었다.

"마이너스 현금 흐름이라고요? 현금이 들어오는 게 아니라 현금이 나가는 투자라니, 왜 그래야 하죠?"

그는 "여기 캘리포니아에서는 마이너스라고 부르지 않아요."라고 답했다.

"그럼 뭐라고 하나요?"

"계약금을 연장해서 낸다고 하죠. extended down payment."

"연장 계약금이라니! 정말 좋은 아이디어네요."

마이클은 내가 8만 달러짜리 주택을 매수할 때 대출을 해주었고(대출금에 대해서 매월 원리금 현금 흐름이 나간다), 3년 뒤 나는 358,000달러에 집을 매각했다. 대단한 가치 상승이었다. 여기서 나는 인식을 바꾸면 결과도 달라진다는 사실을 배웠다.

한번은 80년대에 텍사스 오스틴에서 캐시 크롱카이트 Kathy Cronkite의 TV 쇼에 출연한 적이 있었다. 그녀는 전설적인 뉴스 앵커 월터 크롱카이트 Walter Cronkite의 딸이다. 그녀는 훌륭하고 우아하고 멋진 여성이지만 급소를 물어뜯는 사나운 저널리스트이기도 했다.

나는 그녀가 무슨 이야기를 할지 알고 있었다. 당시 미국인은 일본인이 사들인 막대한 양의 부동산에 화가 나 있었다. 내가 방송국에 있을 때 그 뉴스가 신문을 온통 도배하고 있었고, 나는 그녀가 이 문제에 달려들 것이라고 예상했다.

"〈USA 투데이〉 뉴스에 따르면 일본인들은 180억 달러어치의 부동산을 사들였는데 미국은 경계하고 걱정해야 합니다."

캐시는 큰 목소리로 말했다.

내가 무대에 오르기 전, 뒤에서 한 남자가 말했다.

"조심해요. 정신을 바짝 차리고 대응할 준비를 하세요."

나는 "괜찮아요."라고 말했다.

컨트롤룸에서 외쳤다.

"크롱카이트, 방송 30초 전이에요."

"캐시, 방송을 시작하기 전에 한 가지 말씀드릴 것이 있어요."

"그게 뭔데요?"

"저희 아버지는 캐시 아버님이 나오는 프로그램을 즐겨 시청했어요. 크롱카이트 씨가 '그건 바로 이렇죠.'라고 설명하면, 제 아버지는 그럴 거라고 확신했어요. 당신 아버님은 진정성이 있으니까요."

"방송까지 10초 남았습니다."

컨트롤룸에서 외쳤다.

나는 이어서 말했다.

"크롱카이트 씨는 언론인 중에서 자칼 같지 않은 유일한 분이었다고 말씀드리고 싶네요."

"방송 시작 3초 전, 둘, 하나."

나는 그녀의 감정이 충만해진 것을 확인할 수 있었다. 어째서 그럴까? 데일 카네기는 "식초보다 꿀로 더 많은 벌을 유인한다."라고 말했다. 그 사람이 마음에 들지 않더라도 항상 좋은 인간관계를 유지해야 한다. 나는 캐시가 방송을 흥미롭고

도발적으로 만들기 위해 해야 했던 일을 나쁘게 보지 않고 존중한다. 하지만 나는 미디어에 나오는 내가 괜찮은 사람으로 인식되길 바랐다. 또한 긍정적이면서도 중요한 메시지를 전달하는 현명한 전문가로 자리매김하고 싶었다.

캐시가 외국인의 부동산 소유권 대해 질문했을 때, 나는 웃으며 답했다.

"미국은 이민자의 땅입니다. 덴마크에서 온 저희 부모님과 같은 존경받을 만한 사람들은 한때 모두 외국인이었지요. 이 미국 땅을 소유할 자격이 있는 유일한 사람은 아메리카 원주민입니다. 그들에게 이민을 인정하는지 물어보십시오. 원주민들은 공공의 부를 믿습니다. 이는 모든 사람이 물, 토지, 동물을 함께 소유하고 사용하는 것을 뜻합니다. 1626년 원주민들이 뉴욕 맨해튼 섬을 피터 미누이트Peter Minuit에게 24달러짜리 구슬과 장신구만 받고 팔았습니다. 그것을 판 인디언들은 실제 섬 소유자도 아니었고 협상을 이해하지도 못했습니다. 미국 역사책은 이 사건을 역사상 가장 위대한 무역 거래로 기록하고 있지요."

이렇게 방송에서의 에피소드를 공유하는 까닭은 당신이 미래의 어떤 면접관의 생각도 뛰어넘기를 바라기 때문이다.

모두가 당신의 고객이거나 당신이 그들의 고객이다. 그것이 세상이 돌아가는 방식이다. 우리는 모두 서로를 섬기기 위해 여기 있으며, 기왕이면 최고로 섬기기를 희망할 것이다. 나는 캐시가 무엇을 해야만 하는지 알고 있었다. 그녀는 편향된 관점을 전달하는 흥미로운 인터뷰어가 되기를 원했지만 내가 무엇을 할 수 있는지는 알지 못했다.

나는 일본인들이 1987년의 주식 시장 붕괴 즉 블랙 먼데이에 적극적으로 참여했다고 말했다. 왜냐하면 그들은 네이선 로스차일드Nathan Rothschild를 연구함으로써 뭔가를 배웠기 때문이다. 네이선의 아버지 메이어 암셸 로스차일드Meyer Amschel Rothschild는 현대 유럽에서 최초로 국제 은행을 설립했다. 그는 다섯 아들에게 각기 다른 5개국에서 동시에 은행업을 개시하게 했다. 시장에서는 더 원활하게 무역을 하고 상업 활동을 하도록 지원하는 국제 은행을 원하고 있었다. 이 소식이 알려지자 모든 사업가가 로스차일드의 위대한 창조물에 참여하기로 결정했고 그의 국제 은행에서 거래를 시작했다.

1815년, 영국군과 동맹국은 워털루에서 나폴레옹과 대치하고 있었고 전투의 결과에 따라 시장이 출렁거릴 터였다. 로스차일드는 다른 사람보다 6시간 먼저 정보를 얻었다. 그는 나폴레옹이 전투에서 승리했다는 것을 아는 사람처럼 공매도를 시작했다. 이를 본 사람들은 말했다. "로스차일드는 뭔가 알고 있다. 우리도 공매도하자." 그로 인해 시장이 무섭게 폭락하자 로스차일드는 헐값에 시장 전체를 되사들였다. 그리고 영국인이 승리했다는 소식이 전해지자 그는 하루 만에 백만장자가 되었다.

나는 캐시에게 설명했다.

"일본인들은 로스차일드의 방식이 좋은 기술이라는 사실을 배웠습니다. 지금은 모든 거래가 온라인에서 이뤄지기 때문에 일본인들은 하루 만에 다 팔아치우고 그 돈을 자기 나라에 가져가서 투자하기로 결정했습니다. 우리 시장은 무너졌고 불탔습니다. 시장이 또다시 하락했을 때 그들은 다시 들어와 매수하여 큰돈을 벌었습니다. 이 모든 것에는 문제가 없고 이런 행위는 합법입니다. 그런데 일본이 미국 부동산을 180억 달러어치 샀을 때, 그 집까지 일본으로 들고 가지는 않았죠. 우리는 외국인들이 부동산을 활발하게 매입해서 그 대금이 순환하기를 바랄 뿐입니다. 외국 투자자들은 미국 경제가 튼튼해서 투자하기에 적합한 곳이라고 믿었습니다. 캐시, 전 세계 경제가 미국 달러를 기반으로 하잖아요. 달러는 기축 통화이며 세계인들은 오직 달러로만 상호 거래합니다.

캐시, 작년에 실제로 벌어진 일은 미국에서만 6조 달러 상당의 부동산 매도가 있었다는 점입니다. 일본인이 샀다는 180억 달러는 손톱 조각보다도 작은 거죠. 미디어가 관련 없는 사실을 갖고서 두려움을 갖도록 과장했을 뿐입니다. 사실 내가 바라는 바는 더 많은 달러, 더 많은 상품, 더 많은 무역, 더 많은 운송에 외국인이 돈을 지불하는 것입니다."

나는 여러 나라를 여행했고 유학도 했다. 거기서 비즈니스 관행, 언어, 관습을 배웠으며, 함께 살아가려면 서로에 대한 적개심, 증오, 상처와 고통, 언쟁을 내려놓아야 한다는 점을 배웠다. 공포 특히 다른 사람에 대한 공포심은 우리 모두를 숨막히게 한다.

캐벗 로버트는 이렇게 말했다.

"친구, 조각 파이가 얼마나 큰지는 알 바 아니네. 파이를 얼마나 크게 만드느냐가 중요해."

파이가 존재하는 유일한 장소는 우리가 이야기한 바로 그 장소, 즉 마음이다. 가진 것이 많을수록 다른 사람에게 더 많이 줄 수 있다. 가지지 않았다면 줄 것도 없다.

말해 보자. "나는 갖고 있다." 그러면 손에 넣을 것이다. 우리 모두에게 그것을 얻을 충분한 돈이 있기 때문에 당신은 전 세계를 더 좋게 만들 것이다. 프레드 J. 영Fred J. Young은 "정상적이고 건강한 미국인이라면 누구나 충분히 원하고, 충분히 일찍 시작하고, 충분히 노력하면 백만장자가 될 수 있다."라고 말했다.

마키타 앤드루스Markita Andrews의 이야기는 너무 매혹적이어서 나는 그 이야기를 《영혼을 위한 닭고기 수프Chicken Soup for the Soul》원본에 실었다. 그녀는 뉴욕의 가난한 지역인 브루클린에 살았다. 그녀가 8살 반일 때 아버지는 가정을 떠났다. 그녀의 엄마는 내가 지금 알려 주려는 이 원칙을 알고 있었다. 소망하는 바를 헤아려서 글로 적고 원하는 사진을 벽에 붙이는 것 말이다. 마키타는 개인 스토리보드에 사진 몇 장을 붙여 두었다.

열네 살 때 마키타는 세계 일주를 하고 싶었다. 엄마는 희망적으로 말했다. "마키타, 너는 우리 둘이 세계 여행을 할 만큼 충분한 돈을 벌어들일 거야, 그렇지?" 훌륭한 비전이다.

마키타는 걸스카우트에 합류했다. 〈걸스카우트 잡지〉에 따르면, 걸스카우트 쿠키를 누구보다 많이 팔면 본인을 포함한 온 가족이 무료로 세계 일주 여행을 할 수 있었다.

아이들은 뭔가를 해내려면 마스터 마인드 파트너를 찾아야 한다는 점을 직관적으로 안다. 그녀의 이모는 탁월한 부동산 중개인이었다. 마키타는 "어떻게 팔아야 해요?"라고 물었다.

"항상 옷차림이 단정해야 해. 전문가의 복장, 걸스카우트 단복을 입도록 해."라고 이모는 답했다. "뭔가 팔 때는 그에 맞는 옷을 입어야 해. 금요일 오후 4시 30분에서 6시 30분까지는 아파트를 찾아 가. 큰 주문 건을 요청하고 항상 웃어야 해. 손님이 사 주든 그렇지 않든 언제나 친절하게 대해라. 쿠키를 사 달라고 부탁하지 마. 투자를 요청해야지."

마키타는 누군가에게 다가가서 이렇게 말했다.

"저는 걸스카우트 쿠키를 팔아서 엄마와 저를 위한 세계 여행 경비를 벌고 있어요. 열두 개들이 한 상자나 두 상자에 투자하시겠어요?"

상대를 설득할 때는 고개를 끄덕이고 미소를 지으며 정중하고 친절해야 한다. 왜냐하면 오늘 구매하지 않아도 내일 다시 올 수 있기 때문이다.

마키타는 걸스카우트 쿠키 42,000상자를 판매했다. 그녀는 계속 나아갔고 《쿠키, 콘도, 캐딜락 또는 무엇이든 더 많이 파는 법How to Sell More Cookies, Condos, Cadillacs, or Anything》이라는 베스트셀러 책을 출간했다. 디즈니는 그녀에 관한 최고의 영화 중 하나인 〈쿠키 키드The Cookie Kid〉를 제작했다.

"외향적이니까 성공할 수 있었죠."라고 말할지 모른다. 나는 그런 미신 따위는 타파하고 싶다. 당신이 사실이라고 믿는 게 무엇이든지 간에 돈 문제를 일으킬 수 있으며, 이는 사실도 아닐 것이다. 성공은 대학 교육을 받는 것에 달려 있지 않다. 물론 학위가 나쁜 것은 아니지만 그 자체가 성공을 보장하지는 않는다.

한번은 행사장에서 촬영을 하던 중에 무대 뒤에서 마키타를 만나게 되었다. 그녀는 키가 크고 말랐으며 엄청나게 수줍음이 많았다. 한마디로 자발적으로 구석에 숨는 사람이었다. 누군가가 나에게 마키타가 성공할 것 같으냐고 묻는다면 "어려울 것 같네요."라고 대답할 것이다. 그러나 번영은 밖에서 오는 게 아니다. 그것은 마음속에서, 당신의 욕망으로부터 피어난다. 강렬한 욕망과 엄청난 집착으로 매달린다면 세상의 어떤 것도 당신을 막을 수 없다. 마키타는 어머니와 이모에게 세계 여행을 선물하겠다는 불타는 열정과 야망을 갖고 있었기 때문에 당시 최고의 걸스카우트 쿠키 판매원이 될 수 있었다.

같은 프로그램에서 만난 동기 부여 연사 데니스 웨이틀리 Denis Waitley도 다음과 같이 관찰한 바를 말했다.

"성공은 재능 있는 사람에게만 주어지는 게 아니에요. IQ가 높다거나 타고난 재능과는 무관하지요. 특별하게 태어난 사람에게만 주어지는 게 아닙니다. 능력치도 아니고요. 성공은 거의 전적으로 추진력, 집중력, 끈기에 달려 있어요!"

로버트 슐러는 "산을 만나면 넘어가거나, 밑에서 건너가라. 지하로 가든지 에둘러 가든지 뚫고 가면 어떤가. 반대편에는 항상 금광이 있다."라고 말했다. 뉴욕 사람들이 질주하는 후츠파chutzpah 즉, 긍정적인 대담함이라 부르는 것을 갖고 있다면 진정으로 바라는 것을 손에 넣을 수 있다.

한편 그때 프로그램에서 마키타는 순진한 모습으로 무대 위에 등장한다. 그 앞에는 내가 본 중에 가장 심술궂게 생긴 남자가 서 있었다. 그 작자는 자기 자식도 먹어 치울 태세였다. 마키타는 라이브 방송에서 말한다.

"선생님, 걸스카우트 쿠키 열둘에서 스물네 상자에 투자하시겠어요?"

그는 화를 내며 말했다.

"나는 걸스카우트 쿠키를 사지 않아. 난 연방 교도소 소장이라고. 매일 2,000명의 강간범, 강도, 범죄자, 깡패, 아동학대범을 관리하는 게 내 일이야."

마키타는 굳건했다. 모든 상황에서 누군가는 팔고 누군가는 산다. 거기에는 의식의 번역, 인식의 전이가 있다. 당신이 할 수 있다고 스스로 설득하든지, 다른 사람이 나서서 그렇지 않다고 당신을 설득할 뿐이다.

마키타는 활짝 미소를 지으며 말했다.

"선생님, 이 쿠키를 드시면, 그렇게 심술 맞고 화나고 무서운 모습이 사라질 수도 있어요."

그의 반박은 기억나지 않지만 독설이었다. 나쁜 녀석이었다.

마키타는 굴하지 않았다.

"선생님, 그뿐만 아니라 2,000명의 죄수를 위해서도 쿠키를 조금 나눠 주는 게 좋을 것 같아요."

그때 믿을 수 없는 일이 벌어졌다. 남자는 수표책을 꺼내서 그 자리에서 수표를 썼다.

주문에 성공하는 사람들에 대한 나의 머릿속 이야기가 모두 전해지기를 바란다. 그들은 점심을 먹으러 나간다. 그들은 술을 몇 잔 마신다. 그러고선 두 배 크게 생각한다. 단지 요청했기 때문에 가장 큰 주문량의 두 배를 제안해 주문을 따낸다.

나는 이런 말을 했다.

"내가 쓴 책《꿈을 잃어버린 당신에게Dare to Win》를 백만 부 팔고 싶어요."

캘리포니아의 한 대학(California Paramedical and Technical College) 소속의 고객은 그 얘기를 듣자마자 나에게 와서 말했다.

"여기 수표입니다. 나는 처음 인쇄된 500권을 사고 싶어요. 졸업생 전부에게 서명해 주시겠습니까?"

나는 그런 생각을 한 번도 해 본 적이 없었다. 지금은 당연히 그럴 생각을 한다.

결론은 누가 당신과 거래나 비즈니스를 하든지 안 하든지 간에 당신은 번영한다는 점이다. 당신이 거절을 허락하지 않는다면 결코 거절당할 수 없는 것처럼 번영도 전혀 영향받지 않는다.

백만장자는 드문 일이 아니다. 사실, 〈포브스Forbes〉는 미국에서 매일 한 명 이상의 새로운 억만장자가 생겨난다고 보도한다. 부자가 되고 재산을 쌓고 번영하기 위해 그들은 열심히 똑똑하게 일했다. 대부분은 자신이 좋아하는 일을 했다. 일이 놀이가 된 셈인데 그들은 일상적으로 일을 했다. 대다수 사람들은 "유명인이나 영화배우겠지요."라고 추측하는데 사실이 아니다. 유명인이나 영화배우 출신 백만장자는 미국인 1%의 1/10이 채 되지 않는다. 진정한 부는 하루에 10시간에서 12시간 일하는 사람들의 것이다. 그들은 몇 년 동안 그 일을 해 왔고 대부분은 45세를 넘었다. 대개 그들은 여전히 첫 번째 배우자와 결혼한 상태다. 따라서 아직 결혼하지 않았다면 그들처럼 하면 된다.

나는 독특한 백만장자 그룹을 다룬 잡지 기사를 읽었는데, 가장 많은 백만장자가 속한 그룹은 흥미롭게도 세탁소였다. 왜 그럴까? 그들의 사업은 항상 돌아가기 때문이다.

여기서 원칙은 분명하다. 내가 아는 세탁소 사장들은 대부분 외국에서 이주해 왔으며 미국은 기회가 많다는 인식을 갖고 있다. 우리 동네 세탁소는 인도 출신의 남편과 아내가 한 팀으로 일한다. 그들은 피자 가게도 여럿 소유하고 있다. 자기 소유의 메르세데스 자가용을 굴린다. 그들은 많은 사람을 고용하고 있지만 가게를 청소하기 위해 매일 차를 몰고 나간다. 혹독하게 열심히 일하며 자신들의 재산에 대해 떠벌리지 않는다.

많은 사람이 의사와 변호사가 부자라고 생각한다. 이는 사실이 아니다. 영업직이 변호사나 의사보다 백만장자가 될 가능성이 두 배나 높다는 점은 흥미롭다. 영업직은 상대적으로 일자리를 구하기 쉽고 경기가 좋든 나쁘든 일할 수 있다. 판매 활동은 이 세상에서 가장 높은 보수를 받는 고된 노동이기도 하지만 가장 낮은 보수를 받는 쉬운 일이기도 하다. 거기엔 자본이 소요되지 않는다는 희소식을 당신에게 알려 주고 싶다. 아이디어가 필요할 뿐이며 남을 설득할 수 있을 만큼 그 아이디어를 굳게 믿으면 된다.

돈을 벌어들이는 가장 좋은 방법은 파는 것이다. 누군가에게 아이디어, 제품, 서비스, 특허를 판매하라.

당신이 직접 판매할 수 없다면 판매 능력, 힘, 인맥이 뛰어난 사람과 파트너 관계를 맺으면 된다. 이것이 바로 마스터 마인딩Master Minding이다. 개인적으로는 할 수 없는 일을 두 사람이 결합하여 세 번째의 새롭고 보이지는 않는 마음을 형성하는 것이다.

내 친구이자 고객인 피터 J. 대니얼스Peter J. Daniels는 26세가 될 때까지 완전히 문맹이었다. 누군가가 그에게 《생각하라. 그리고 부자가 되어라Think and Grow Rich》를 읽어 주었다. 피터는 하루에 7시간씩 성공을 연구하기 시작했다. 이제 그는 세계에서 가장 부유한 사람 중 한 명이 되었으며 오스트레일리아 애들레이드와 싱가포르에 본사를 두고 있다. 그가 싸움을 벌였던 길모퉁이의 소유자가 되었다.

그가 4학년 때 만났던 필립스 선생님은 언제나 목걸이에서 쇠사슬 소리를 내곤 했다. 어느 날 선생님은 그에게 이렇게 핀잔했다.

"피터 J. 대니얼스. 너는 형편없는 녀석이야. 상한 사과라고. 너는 결코 어떤 것도 이루지 못할 거야."

피터는 《필립스 선생님, 당신이 틀렸어요Mrs. Philips, You Were Wrong》라는 책을 썼다. 우리의 인생에는 필립스 같은 사람이 반드시 있다. 부모일 수도 있고, 배우자, 아이, 고용주, 동료, 당신의 친구를 자처하는 사람일 수도 있다. 그들은 당신을 낮추어서 자신을 나쁘지 않게 생각하려는 것이다. 당신이 성공하면 그들의 기분은 나빠진다. 피터와 나는 함께 많은 일을 해 왔다. 그는 싱가포르에 점을 찍고 그 둘레에 3,000마일4,828킬로미터의 호를 그리면 세계 인구의 절반인 약 40억 명을 포함한다고 알려 주었다. 한번은 피터가 이런 말을 했다.

"탐욕스럽지 않은지 확인하는 한 가지 방법은, 주는 사람이 되고자 하는 생각을 머리와 가슴에 품고 있는지의 여부입니다."

이제 내가 하려는 응원의 말은 피터 대니얼스와 마찬가지다. 성공을 담아낸 전기, 자서전, 기사를 읽어야 한다. 이 세상에서 누가 누구인지 알아내고 '나는 A급 명단에 속해 있다.'고 결정하라. 당신이 만나고 싶은 사람의 이름을 일기장에 적어 보자. 그것이 어떻게 현실이 되는지 놀랄 것이다.

당신의 잠재력에 관해 이야기해 보자. 당신의 잠재력은 무한하다. 당신이 상상하고 생각하고 사용하고자 하는 것보다 훨씬 많은 것이 당신 안에 있다고 나는 말하는 것이다. 60년대에 내가 고등학생이었을 때, 아버지는 빵집에서 하루 18시간을 일하면서 1년에 5,000달러를 벌었다.

나는 비틀즈의 대히트에 영감을 받고 메신저스Messengers라는 록 밴드를 시작한 터였다. 밴드가 연주할 수 있게 되자 공연장을 빌릴 수 있었는데, 2,000명의 고등학교 로커들이 각자 5달러를 내고 들어와 춤을 추었다. 나는 하룻밤에 5,000달러 넘게 벌었는데, 아버지가 1년 간 벌어들인 돈이었다.

이것이 당신이 인생에서 검토하기를 바라는 지점이다. 당신은 한계가 없는 미개척된 잠재력을 갖고 있다. "나는 받을 자격이 없다."라고 스스로에게 말하지 말라. 자격은 충분하다.

많은 사람이 리처드 바크의 베스트셀러 《갈매기의 꿈Jonathan

Livingston Seagull》에서 미개척된 잠재력에 대한 진실을 배웠다. 이 책에서 우리는 자신과 비교할 사람은 단 한 사람, 바로 자신이라는 사실을 배웠다.

당신의 잠재력을 자기 자신과만 비교하자. 지금 어디에 있는지, 삶의 여러 영역에서 얼마나 더 멀리 갈 수 있다고 생각하는지 결정하라. 당신의 잠재력은 현재 생각하는 것보다 훨씬 대단하다. 오직 당신만이 그것을 테스트할 수 있고 계속해서 두드릴 수 있다. 당신의 비교 대상은 없다. 당신은 유일하며 특별하다. 당신과 같은 사람은 전에도 없었고 앞으로도 없을 것이다. 당신은 잠재력을 극대화하기 위해 이 지구 대학에 와 있다. 당신은 갈매기 조나단 리빙스턴이 되려 한다. 멈추지 않고 높이 날아가며 삶을 사랑하고 충만하게 살아가는 것이다. 많은 사람이 내면의 잠재력에 관한 틀린 정보로 불이익을 받고 있기 때문에 당신이 정확한 메시지를 포착하고 가르쳐야 한다. 누구든지 드러난 것보다 열 배 많은 잠재력을 갖고 있다.

7장

부는
베푸는 이에게
찾아온다

아내와 나는 포옹에 관하여 전국적인 설문 조사를 실시한 적이 있다. 응답자의 83%가 하루에 한 번도 포옹을 하지 않는 가정에서 성장했으며, 98%가 더 많이 포옹하기를 원한다고 답했다.

자존감 연구소Self-Esteem Institute에 따르면, 정상 상태를 위해서는 하루에 포옹 네 번, 자존감을 유지하려면 여덟 번, 성장하려면 열두 번의 포옹이 필요하다.

한 번은 캐나다 캘거리에서 주로 남성으로 구성된 500명의 청중과 이야기를 나누었다. 나는 "여러분이 남자답다는 것에 얽매이지 않는다면, 한 분 한 분을 안아 주고 싶습니다."라고 말했다.

당신보다 키 작은 사람을 포옹할 때는(나는 190cm가 넘고 매년 많은 사람을 껴안는다) 무릎을 구부리자. 키 작은 사람들은 채찍질을 원하지 않는다.

어린아이와 함께 있을 때는 눈높이까지 몸을 낮추고 안아 주자. 태도 치유 센터를 이끌며, 《사랑은 두려움을 없애는 것 Love Is Letting Go of Fear》이라는 책을 쓴 제리 잼폴스키 박사Dr. Jerry Jampolsky는 아이들을 더 많이 안아 주어야 한다고 가르친다. 남자아이가 여자아이보다 입맞춤과 포옹을 받는 횟수가 적다. 여자아이한테 포옹하는 것만 괜찮다고 생각하기 때문이다. 남자아이도 포옹과 입맞춤을 누릴 자격이 있다.

포옹할 때는 제대로 포옹을 하자. 어떤 사람은 오른쪽 엉덩이를 내밀든지 왼쪽 엉덩이를 내민다. 자신의 남성성을 확신하지 못하는 남자는 당신에게 트림을 하거나 떼어 내려 하거나 누르려고 한다.

제대로 하는 포옹은 포옹을 끝낸 뒤에 서로 눈 맞춤을 하는 것이다. 상대의 눈을 바라본 채 당신의 자존감이 충분하다면 이 마법의 단어를 속으로 말해 보자.

"사랑합니다."

큰 소리로 말할 필요는 없다. 상대방은 텔레파시로 알아챌 것이다.

많은 사람이 장애가 있다든지 문화적으로 낙후되어 살아가는 등 신체적 고난을 겪고 있다. 우리는 그들에게 물품을 지원하고 봉사하기 위해 여기 존재한다. 당신이 가진 게 있어야만 할 수 있는 일이다. 자신이 별로 마음에 들지 않는 날에는 요양원에 가서 뇌졸중 때문에 실어증에 걸린 사람을 안아 주자. 그는 인간의 몸이지만 마음은 절반만 존재한다. 그를 껴안으면 그는 당신의 손을 잡고 입맞춤하며 눈에는 눈물이 맺힐 것이다. 이런 만남은 당신을 충만하게 하며, 당신이 인간이라는 사실과 이곳에 존재하는 이유가 사랑을 나누고 섬기기 위함이라는 사실을 기억하게 한다.

탐욕이 삶에 너무 큰 영향을 끼치는 건 아닌지 알고 싶다면 계속 베풀면 된다. 봉사는 당신이 살아 있는 동안이나 세상을 떠난 뒤에도 다를 바없이 행할 수 있다.

오히려 떠난 뒤에 더 많이 베풀 수 있다. 전 세계에 도서관을 만든 앤드류 카네기Andrew Carnegie나, 탁월한 미국인을 위한 호레이쇼 앨저 상Horatio Alger Award for Distinguished Americans을 만든 노먼 빈센트 필 박사Dr. Norman Vincent Peale처럼 영속적인 것을 남기라.

자랑스럽게도 나는 그 상을 수상했다. 각 수상자는 극빈층에서 부자가 되었고 대단한 박애주의자다. 우리는 위험에 처한 수만 명의 아이들에게 장학금을 지급하기에 충분한 기금을 마련했다. 아이들은 멘토인 우리 중 한 명과 같은 대학을 나왔으며 놀라운 일을 해내고 있다.

당신이 무엇을 베풀든 지금보다 더 크고 더 오래 지속되는 것을 목표로 계획을 세우자.

사해The Dead Sea는 받기만 하고 주지 않기 때문에 죽은 것이다. 물을 받아들이기만 하다가 염도가 높은 황무지가 되었다. 이곳에서는 아무것도 흐르거나 빠져나가지 않는다. 당신과 나는 변비에 걸린 채 살려고 하는 게 아니다.

삶은 주는 사람에게 주고, 받는 사람에게서 받아간다. 나는 당신이 금전적으로 베풀었으면 한다. 에너지를 주었으면 한다. 시간을 나누고 노력을 기울이길 바란다. 미소를 보여 주길 바란다. 마음을 끄는 눈 맞춤을 하길 바란다. 이전에 마음먹은 수준을 훌쩍 넘겨서 베풀기를 바란다.

주는 것은 살아 있다는 증거다. 배려는 나눔이다. 문제는 얼마를 주느냐에 있다. 한번은 세계 최고 규모의 보안관 부서인 로스앤젤레스 카운티 보안관 부서에서 연설을 했다. 만 명의 청중 모두가 자원봉사자라는 사실이 믿어지지가 않았다.

그들은 평범한 의사, 변호사, 은행가, 사업가, 주부였는데, 경찰 유니폼을 입고 말을 타고 수색 구조와 순찰을 하기로 결정한 사람들이었다. 이들은 자원봉사를 하기까지 357시간의 수업을 들어야 했다. 한 달에 개인 삶에서 35시간이나 할애한 것이다.

나는 점심시간을 이 자발적 보안관들과 함께했고 온종일 함께 지냈다. 나는 상당히 많은 이들을 포용했다. 그들은 깜짝 놀랄 수준의 기부를 행하고 있었고, 각자 삶의 최전선에서 살고 있었다.

보안관 부서에서 1년간 받는 돈은 단 1달러로, 돈을 받는 이유는 따로 있었다. 근무 중에 총에 맞았을 때 보험회사로부터 보상을 받고, 부상을 입으면 치료비를 받기 위해서였다.

제2차 세계대전 중 지켜야 할 원칙 가운데 하나가 교회를 폭파하지 않는 것이었다. 전 세계의 모든 군비 사업부의 모든 인원이 그 원칙을 알고 있었다. 미군은 의도하지 않게 북부 이탈리아의 한 교회를 폭파하고 말았다. 전쟁은 끝났고 평화 협정도 서명되었다. 그런데 아직 여행을 위한 배편과 비행기만 준비된 상태라, 미군 병사들은 석 달 동안이나 집에 돌아갈 수 없었다.

미군은 이탈리아 시민에게 찾아가 말했다.

"정말 돕고 싶습니다. 여러분을 지원하고 싶어요. 진심으로 보상하고 싶습니다. 전쟁은 끝났어요. 함께하시지요. 우리는 이 교회를 벽돌로 재건하는 일을 돕고 싶습니다. 여러분께 돌려드리는 선물로 만들고 싶습니다."

앞서 말했듯이 미국은 세계에서 가장 기부를 많이 하는 나라이기 때문에 세계에서 가장 위대한 나라가 되었다. 상처를 입은 사람을 보면 돕는다.

군대와 마을 사람들은 힘을 합쳐 교회 전체를 재건했다. 이 교회 앞에는 현존하는 최고의 품질인 카라라Carrara 대리석으로 조각한 7피트 6인치 높이의 수정 예수상이 서 있었다. 그들은 전체 조각상을 다시 조립했다. 조각상을 붙이고 미세 조정했다. 예수상은 거의 원래 모습 그대로 우아하게 복원되었는데 폭탄 테러로 예수의 손만은 산산이 부서져 버렸다.

시민들과 군인들은 서로에게 물었다.

"이 예수상에 새로 손을 붙여야 할까요 아니면 대리석 명판을 앞에 둘까요?"

그들은 대리석 명판으로 의견을 모았다.

"예수의 유일한 손은 당신의 손입니다. 예수께서 볼 수 있는 유일한 눈은 당신의 눈입니다. 예수의 유일한 심장 박동은 당신의 것입니다."

우리는 이 땅에서 짧은 시간만 머물 뿐이다. 영원까지는 단 한 번의 심장 박동뿐이지만, 나는 당신이 더 크고 더 나은 경지의 베푸는 사람이 되기를 바란다. 이로써 전에는 상상할 수 없었던 번영이 더욱 깊어진다.

8장

번영은
당신을 알아본다

전기 영화 〈간디 Gandhi〉는 1982년 오스카 최우수 작품상을 수상했다. 이 영화의 제작자인 리처드 어텐보로 Richard Attenborough는 20년 전에 영화를 만들 준비가 되어 있었다. 그런데 영화 제작에 왜 그토록 오랜 시간이 걸렸을까? 당시 벤 킹슬리 Ben Kingsley의 나이가 고작 여덟 살이었기 때문이다. 킹슬리가 아닌 다른 누군가가 마하트마 간디를 연기했다면 이 영화는 경이로운 고전의 반열에 오르지 못했을 것이다.

여기서 핵심은 시간이 지연된다고 해서 신이 거부했다는 뜻은 아니라는 점이다. 우리는 인생에서 앞으로 나아가며 우리가 될 수 있는 모든 것이 되어야 하지만 항상 방법을 알지는 못한다.

길에서 벗어났을 때 불행하게도 많은 이가 스스로 목숨을 끊는다. 그럴 때 그들은 추락하는 자신을 보면서 "아, 아니. 나는 아직 여기에 있어. 갈 곳이 없기 때문이야."라고 말한다. 당신의 영혼은 끝이 없으며 영원히 살아 있다.

넷플릭스 영화 〈서바이빙 데스Surviving Death〉는 죽었다가 기적적으로 살아난 2만 명이 넘는 사람들과 한 인터뷰를 담았다. 그들은 하나같이 반대편으로 넘어갔을 때 "아직 끝나지 않았어요. 땅에서 할 일이 더 있습니다."라는 말을 들었다고 했다.

당신은 언제나 여기에 있다. 달리 갈 곳이 없다. 당신은 끝없는 시간을 영원히 살고 있다. 이것은 드레스 리허설이 아니다. 이제 목표는 가능한 한 여기의 삶을 좋게 만드는 것이다. 문제는 얼마나 좋은 삶을 만들지에 있다.

아내가 죽은 뒤 거액의 보험금을 받은 한 남자에 대한 농담이 있다.

"이 세상에서 사라지기 전에 마지막으로 한번 멋지게 살아봐야겠어."

그는 머리를 검게 염색했다. 양쪽 볼은 실리콘 주사를 맞고 장밋빛으로 빛나게 했다. 페라리 매장에 가서는 레이싱용 빨간 페라리 컨버터블을 샀다. 또 남성복 매장에 가 근사한 옷을 빼입었다.

이 남자는 플로리다를 드라이브하며 즐거움을 만끽했다. 그런데 갑자기 머리 위에 구름이 몰려들더니 번개가 남자를 와락 불태웠다. 그는 순간 이동하여 신과 대면하게 된다. 억울한 일이었다.

"하느님, 저는 당신의 자녀인 샘입니다. 왜 저한테 이런 일이 벌어졌나요?"

하느님은 답했다.

"샘, 너인 줄 알아보지 못했구나."

당신의 번영은 당신을 알아본다. 계속 주장하고 노리면 얻을 것이다.

피닉스에 어떤 주유소 주인이 있었다. 그의 주유소는 동네 주유소 네 개 중에 하나였다. 그는 사람들에게 "우리 주유소에 바라는 점이 있습니까?"라고 묻기 시작했다. 그들은 모두 당신과 내가 하고 싶은 것과 똑같은 말을 했다.

"화장실 청소. 그게 전부예요."

기억하라. 위대한 번영에 이르는 데에는 단 하나의 아이디어로 충분하다. 필요한 일은 그 아이디어를 훌륭하고 흠잡을 데 없이 탁월하게 실행하는 것이다.

이 주유소 주인은 화장실 크기를 3배 늘렸고 우아한 상태를 유지했으며 20분마다 청소했다. 그는 벽에 화가가 그린 오리

지녈 작품을 걸었다. 두툼한 고급 카펫도 깔았다. 왕좌를 방불케 하는 초대형 의자도 갖다 두었다. 그는 각각 '신사', '숙녀'라고 적힌 3,000달러짜리 핸드메이드 문짝 두 개를 설치했다. 이 화장실에 들어가면 직원이 따뜻한 수건을 건네준다. 나가는 길에도 뜨거운 수건을 주며 바닥에는 레드카펫이 깔려 있다.

캘리포니아주 샌루이스 오비스포에 있는 마돈나 여관의 남자 화장실에서는 우렁찬 물소리가 들리고 소변기에 다가가면 분홍색 불빛이 켜진다. 그것은 천국을 떠올리게 하며, 확실히 차별점이 있어서 기억에 남는다. 그리고 내가 말한 것처럼 당신도 소문을 내고 다닐 것이다.

열심히 똑똑하게 그리고 다르게 일해야 한다고 말한 것을 떠올려 보자.

당신만의 고유한 요소를 찾고 목표를 기록하기 시작하면 달성할 수 있다. 이는 클렘 스톤이 한 말이다. 그의 목적 선언문은 현 세대와 미래 세대를 위해 더 나은 세상을 만드는 것이었다.

열여섯 살이 되었을 때 스톤은 어머니가 소유한 작은 보험 대리점에서 판매 활동을 시작했다. 대형 보험사의 대리점이었다. 스무 살이 되자 스톤은 자신이 대리하던 보험 회사를 사들이기로 결정했다. 클렘은 키가 작고 항상 연필 콧수염(연필로 그린 것처럼 얇고 긴 콧수염)을 기르고 있었다.

스무 살의 클렘은 담배를 피우며 보험 회사에 걸어 들어갔다.

"돈은 어떻게 지불할 건가?"

보험사의 소유주가 물었다.

클렘은 미소를 지으며 "당신의 돈입니다."라고 말했다. 그는 너무나 대담했고 거리낄 게 없었다. 결국 보험사는 그에게 회사를 넘겨주었다.

이 예가 돈이 거의 들지 않는 너씽 다운 딜nothing-down deal이라는 것이다. 나와 함께 《1분 백만장자The One Minute Millionaire》를 공저한 로버트 G. 앨런Robert G. Allen은 《너씽 다운Nothing Down》을 집필했다. 이 책은 2천만 부가 팔렸다. 왜냐하면 누구나 너씽 다운 딜을 할 수 있지만 그것이 가능하다고 생각하거나 그렇게 할 용기가 부족하기 때문이다.

너씽 다운 딜의 개념을 연구하고 생각하고 숙달하자. 이 비즈니스 기술을 마스터한다면 막대한 이익을 얻게 될 것이다.

오늘날 모두가 차입매수LBO, leveraged buyout를 실행한다. 그들은 회사 자체의 자산으로 회사를 매입하고, 최소한 자신의 돈으로는 사지 않는다. 다른 사람의 돈을 사용할 수 있다면 사용하자.

결과는 결코 원인에 비해 크지 않다. 창조주는 자신의 창조물보다 위대하다. 미켈란젤로는 초기보다 말년에 더 위대한 화가, 예술가, 조각가였다. 당신 삶의 창조자는 누구인가?

바로 지금 몸에 손을 얹고 말하자.

"나는 내 삶의 창조주다."

그러나 우리 대부분은 그 원리를 이해하지 못하고 여러 현실적인 문제에 발이 묶여 결과의 포로가 되기 일쑤다. 대공황을 겪은 아버지는 우리 형제에게 말했다.

"너희들이 나처럼 대공황을 겪었다면 1달러도 아껴 쓸 거야. 너희는 내가 누구라고 생각하니, 재벌 록펠러? 돈이 나무에서 자라는 것 같니? 너희 중에 내가 죽을 때까지 동전 몇 푼이라도 갖다 주려는 녀석이 있으려나."

나는 북시카고 그레이트 레이크의 해군 기지 근처에서 자랐던 탓에 아버지에게 이런 말을 종종 들었다.

"술 취한 해군처럼 돈을 써대네. 힘든 날을 대비해서 저축을 해야지."

우리 중 대부분은 그런 상투적인 표현을 들으면 사실이라고 믿어 버린다. 알고 보면 그렇지 않은데도 말이다.

번영에 대한 아버지의 견해를 고수했다면 돈을 거부하는 사고방식이 자리 잡았을 것이다. 아버지는 신발 속에, 벨트에, 숨길 수 있는 곳이면 어디든지 돈을 숨기는 데 능숙했다. 왜냐하면 당시에는 은행을 믿지 않았기 때문이다. 아버지가 아는 한 오직 믿을 수 있는 곳은 뒷주머니 은행뿐이었다.

다리가 잘려 나간 베트남전 참전 용사가 있었는데 2년 8개월 만에 손으로 걸어서 전 미국 일주를 했다. 그는 시간이 얼마나 걸리는지 상관하지 않는다고 말했다. 가고 있는 방향을 아는 것만이 중요하다.

이제 말하자.

"나는 진짜 부자다."

왜 그런가? 그것은 당신이 알지 못하는 경지에서 이루어지기 때문이다. 25년간 연구한 끝에 하버드대학교의 데이비드 맥클러랜David McClellan은 성공한 사업 중에서 단지 15%만이 제품 지식에서 비롯되었다고 결론지었다. 나머지 85%는 좋은 인간관계 기술과 자존감에서 비롯되었다. 그러나 대부분의 기업들은 시간의 85%를 제품 지식과 기술을 가르치는 데 사용한다. 엉뚱한 곳에 시간과 돈을 쓰고 있는 셈이다. 정신 영역은 무에서 모든 것을 창조하는 유일한 곳이며, 항상 같은 곳에서 시작된다. 마음속에 품은 하나의 생각 말이다.

지구상의 다른 모든 종과 달리 인간은 위대하고 웅장하며 대단한 사고가 가능하다. 이전에는 한 번도 가 본 적이 없는 완전히 새로운 곳으로 스스로를 데려갈 기회(사실상 의무)를 만든다.

나는 앞에서 수정 교회를 지은 로버트 슐러에 대해 썼다. 그는 기념비적인 업적을 이루었으며 오래도록 기억에 남을 사람이다. 위대한 신학자였을 뿐만 아니라 경이적인 마케팅 천재였으며, 영광스럽게도 내가 직접 만날 수 있었던 가장 뛰어난 홍보맨 중 한 명이었다.

슐러 박사와 나는 국제 카이로프랙틱신경, 근육, 골격을 다루어 치료하는 대체 의학 회의를 하기 위해 플로리다의 보카레이턴Boca Raton에 함께 머물렀다. 내가 먼저 연설을 했고 슐러 박사는 그 다음이었다. 그 뒤로 우리는 1년에 100만 달러 넘게 버는 의사 57명과 함께 점심 장소로 갔다.

슐러 박사는 《자존감의 신학The Theology of Self-Esteem》이라는 새 책의 집필을 끝마쳤다고 했다. 그는 "전국 30만 교회, 사원, 유대 회당, 목사, 사제, 랍비 등 모든 종교인에게 이 소식을 전하고 싶습니다."라고 말했다. 그는 크로스 잉크 펜을 꺼내며 말했다.

"이 펜에는 로버트 슐러가 적혀 있습니다. 입찰을 시작합니다."

이 사람이 방금 연설에서 1만 달러를 받았고 이제 더 많은 빵을 모으는 중이었기 때문에 나는 "오, 세상에!"라고 말했다. 여기서 중요한 원칙은 확신이 가는 차원 높은 공익을 위해 헌신할 때는 자기 홍보를 잘해야 한다는 점이다. 진심으로 믿는 사람이라면 홍보의 달인이 되어야 한다. 체면이 조금 깎인다

해도 기꺼이 홍보에 나서자. 그것이 당신이 앞으로 나아갈 유일한 방법이다. 전진하는 유일한 방법은 요청하는 것이다.

어쨌든 나도 200달러까지 호가를 불렀는데 아내가 탁자 밑에서 내 다리를 차며 말했다.

"십자가 펜이어도 필요 없어요. 집에 수백 개가 있으니까요."

그때 한 명이 5,700달러짜리 수표를 꺼내 들었다. 슐러는 그 오찬을 마치기 전에 78,000달러를 모금했다.

슐러 박사도 당신과 별다르지 않다는 말에 동의하는가? 그 역시 돈을 달라고 요청하는 것이 불편했지만, 위대한 봉사를 위하여 금전적인 지원이 필요하다고 입 밖으로 말을 꺼냈다. 그렇게 요청의 달인이 되는 것을 나는 직접 목격했다.

내가 뉴욕에 살았을 때 슐러 박사는 링컨센터의 애버리피셔홀Avery Fisher Hall에서 연설을 했다. 그는 그 강연에서 수천 명의 참석자에게 비용을 청구했다. 슐러는 자신의 수정 교회에서도 애버리피셔홀의 환상적인 희귀 오르간이 울려 퍼지게 하고 싶었다. 그는 청중 전체를 일어서게 하더니 말했다.

"그런데 이 오르간은 30만 달러이고 여러분은 파이프 하나를 각 천 달러에 살 수 있습니다."

슐러 박사는 20분간 연설한 뒤에 말했다.

"좋습니다. 대단히 감사합니다. 38만 달러를 모금했고 현장에서 오르간을 구입했습니다. 하느님은 당신을 사랑하시며 나도 그렇습니다."

나는 생각했다.

'우와. 이 사람은 다 생각이 있었구나.'

그것은 나에게 영감을 주었다. 슐러 박사가 수정 교회를 지을 때 그는 새로운 방법론을 제시했다. 당신도 알겠지만 문제가 생겼을 때 가장 먼저 해야 할 일은 그 문제를 글로 적는 것이다. 그 다음에는 해결책을 적으면 된다. 그러나 슐러 박사가 제시한 해결책 10가지는 어처구니가 없었다. 그중 하나가 600만 달러를 기부할 단 한 명을 찾는 것이었다.

어느 날 레저용 차량을 제작하는 플릿우드 인터내셔널Fleetwood International의 소유주 존 크린John Crean이 2,800만 달러를 쾌척했다. 존 크린 부부가 엄청난 금액을 슐러 박사에게 내놓던 날, 나는 TV로 그 장면을 보고 있었다. 나는 바로 존 크린이 운영하는 회사의 주식을 샀다. 그렇게 엄청난 돈을 십일조로 낸 뒤에 일어날 일을 예상했기 때문이다. 이튿날 플릿우드의 주가는 세 배로 뛰었다. 다음 날 나는 그 주식을 매도했다.

그때 슐러는 말했다.

"저에게 100만 달러를 기부할 여섯 명을 찾으십시오."

제정신인가. 교인이 천 명인 목사가 현장 강연과 TV에서 엄청난 규모의 헌금을 요구하고 있다. 과연? 유명 배우 밥 호프Bob Hope가 찾아와 백만 달러를 냈다. 명배우이자 감독인 존 웨인John Wayne도 백만 달러를 냈다. 슐러 박사는 암웨이의 공동 설립자인 리치 데보스Rich DeVos에게서도 백만 달러를 받았다. 슐러의 이사회에 있었던 W. 클램 스톤W. Clam Stone은 "500만 달러의 기부를 받는다면 나도 100만 달러를 내겠소."라고 말했다.

슐러가 한 말 중에서 가장 중요한 인용구는 다음과 같다.

"누구에게도 돈 문제란 없습니다. 아이디어가 문제일 따름입니다."

우리 중 많은 사람이 준비가 덜 되었다고 느끼며, 그것을 누릴 자격이 있는지 심지어 희망해도 되는지조차 확신하지 못한다. 《생각하라. 그리고 부자가 되어라》는 당신이 준비가 되었든 안 되었든 번영을 향해서 즉시 나아가라고 조언한다.

9장

건강,
가족,
친구

미래 일기에 목표를 적을 때는 건강에 관한 사항도 포함해야 한다.

유머는 강력한 건강 유발 요소 중 하나이기 때문에 나는 글을 쓸 때 유머를 자주 집어넣는다.

《질병의 해부Anatomy of the Illness》의 저자인 노먼 커진스Dr. Norman Cousins는 어느 날 생존 확률이 5,000분의 1이라는 진단을 받아들었다. 의사는 그에게 말했다.

"시간이 얼마 남지 않았네."

커진스 박사는 유머의 효과를 연구했다. 그는 질병에서 벗어날 수 있는 방법이 웃음에 있다는 사실을 발견했다. 웃음은 엔

도르핀 시스템을 작동시키고 신체의 전체 면역 체계를 자극한다. 커진스가 질병에 시달리고 죽어 갔을 때 그는 온갖 코미디 영화를 구해서 온종일 시청했다. 결국 그는 불치병에서 치유되어 의료계가 환자 처치에 유머를 사용하도록 글을 쓰고 가르치고 영감을 주고 있다. 그는 마음속에서 동시에 상호 작용하는 화학 물질 34가지를 발견했다. 이 모든 화학 물질은 버튼 하나만 누르면 동시에 작동한다. 바로 웃음을 유발하는 유머 감각이다.

커진스는 암 환자들과 대화를 나누었다. 그들이 스스로 원하는 바를 알아차려 자신을 위하기보다 이타적인 목적을 추구하고, 매일 한 번씩 소리 내어 웃도록 가르쳤다. 그는 살날이 30일 남았다고 진단받은 환자들에게 말했다.

"이런 진단은 위험합니다. 환자들에게 목표처럼 작동하거든요. 29일, 28일, 27일, 26일 그리고 하루 남았다고 카운트다운하게 됩니다."

커진스는 환자들에게 충고한다.

"살고 싶다면 자신을 칭찬하고 귀하게 여겨야 해요. 서로 격려하고 유머 감각을 가져야 합니다. 매일 웃으세요. 삶의 모든 장면에서 즐거움을 찾아내세요."

환자들은 답했다.

"박사님, 우리 몸에 일어난 변화를 말씀드릴게요. 혈액 혈청 반응에서 건강이 나아진 신호가 보이고 암이 사라지고 있습니다. 전보다 행복합니다."

기억하자. 당신은 하나의 세포에서 시작되었다. 수정란 즉 난자와 정자가 만난 순간에 당신은 이미 승자다. 당신이 여기 존재할 확률은 2억5천만 대 1이므로 승자인 것이다. 하나의 세포는 오랜 시간 증식하여 번영에 이르렀으며 행복한 상태라면 몸이 건강하게 유지된다. 매우 간단하다.

그래서 나는 교훈을 줄 때 유머를 많이 사용한다. 나는 가족, 동료, 친구, 청중, 독자와 농담을 끊임없이 주고받는다. 여러분이 행복하고 건강하며 부를 쌓고 현명하기를 바라기 때문이다.

우리는 누구나 문제를 안고 있으며 문젯거리의 수준에 따라 살아간다. 세상을 떠난 내 친구 노먼 빈센트 필은 《긍정적 사고방식The Power of Positive Thinking》의 저자로 나에게 이런 말을 했다. 모든 문제는 이면에 선물을 갖고 있다. 문제를 열어서 그것이 주는 이득이 무엇인지 알아내야 한다. 필 박사는 모든 역경에는 그와 동등하거나 더 큰 이로움을 주는 씨앗이 숨어 있다고 말한다. 당신이 어떤 문제에서 이득이 무엇인지 궁리한다면 당신은 한결 탁월해진다.

아프리카의 만딩카 인디언은 이를 잘 알고 있다. 그들은 문제를 받아들이고 일단 무엇이 문제인지 모두가 동의하고 난 뒤에는 춤을 추고 노래를 부른다. 그러고는 모든 정령을 불러내어 해결책 속에서 살아가게 된다. 따라서 그들에게는 아무런 문제가 없다.

우리는 여러 건강 문제로 시달린다. 캐벗 로버트는 "건강에 문제가 생기면 의사 외에는 아무에게도 말하지 말라. 의사가 지시하는 경우에만 사람들이 알게 하자."라고 조언한다. 친구들에게 당신의 건강 문제를 말하면 그들 중 80%는 관심을 갖지 않는다. 나머지 20%는 당신 문제가 자신보다 심각하다는 데 흡족해한다.

이 책은 진정한 번영에 대한 포괄적인 개요를 제공한다. 진정한 번영은 건강을 비롯해 가족과 관련한 좋은 목표까지 포함해야 한다. 충만한 가정생활을 꾸려 나가자. 그리고 이를 목표 리스트에 올려놓자. 나에게 가족이 큰 의미인 것처럼 당신에게도 마찬가지라면 목표 중 하나로 적어야 한다. 가정생활을 삶의 다른 영역만큼 가꾸고 싶지 않은가? 완전히 이롭고 제대로 실천하는 사람이 되지 않겠는가? 당신이 가족 관계에 100% 헌신한다면 집에 돌아왔을 때 얼마나 행복할지 알아보지 않겠는가?

여기에는 집에 거주하는 모든 사람이 포함된다. 남부 캘리포니아 주민 중 상당수가 중남미에서 건너온 히스패닉계 가사 도우미의 도움을 받는다. 우리 가족도 가사 도우미와 함께 지낸다. 그녀는 훌륭한 사람이다. 기회의 땅 미국에 발을 디디기 위해 멕시코에서 밀입국했을 때 그녀의 쌍둥이 자매는 400피트 아래 바위로 머리부터 떨어져 으스러졌다. 그녀는 이 모든 것을 목격했다.

그 뒤에 어떤 일이 벌어졌을까? 그녀는 멕시코 정부를 찾아가서 따졌다. "이봐요. 나의 자매가 죽고 말았어요. 우리는 여길 탈출해 이민자가 되려고 온갖 짓을 했는데 결국 이렇게 실패하고 만 건가요?" 미국인들한테 가서는 이렇게 말했다. "국경에 있는 내 자매의 시신을 거두어 주지 않겠습니까?"

우리 가족은 에바 에스피노자가 국적을 취득하는 일을 도왔다. 이 과정은 매우 흥미로웠다. 무엇인가를 성취하려면 불이 활활 타는 후프를 몇 개나 통과해야 한다. 우리가 아침 6시에 캘리포니아 산타아나에 있는 정부 청사에 도착했을 때는 이미 500명이 넘는 사람이 국적 취득을 위한 정착금을 내기 위해 줄지어 있었다. 우리는 흥미로운 시대에 살고 있다. 사람들은 여기 이 미국 땅에서 살기를 희구하며 그것도 합법적이고 정직한 삶을 희망한다.

에바는 우리 가족의 일원이다. 우리 집에는 친구들이 자주 방문한다. 그중 상당수가 놀란 표정으로 묻는다. "왜 저녁 식사 때 가사 도우미가 테이블에 함께 앉아 있어요?" 그러면 나는 답한다. "당신보다 에바가 우리 가족과 더 가까워요. 계속 그런 말을 하면 여기 머물 수가 없겠네요. 다시 초대받기도 어려울 겁니다."

왕과 왕비의 시대에는 음식을 서빙하는 이들이 흰 장갑을 꼈다. 그들은 서빙을 한 뒤 시선을 깔고 (주인을 절대로 바라보지 않았다) 테이블을 떠났다. 의식이 깨인 지금 같은 시대에는 모든 사람이 중요하게 대접받아야 한다. 가사 도우미도 파티나 특별한 행사를 제외하면 가족과 식사를 함께할 수 있는 것 아닌가. 이는 일종의 신성한 절차다. 게다가 우리 아이들은 에바 덕분에 영어와 에스파냐어를 이중으로 구사할 수 있다.

사실, 나는 앞으로는 아이들뿐 아니라 우리 자신도 여러 언어를 구사해야 한다고 믿는다. 이는 최소한의 필요조건이다. 우리는 제2 외국어를 배우려고 하지는 않으면서 미국에서는 누구든지 영어를 배워야 한다고 허세를 부려 왔다.

요점은 우리가 세계 여행을 다니기 시작했을 때 외국에 사는 상당수는 이미 몇 개 국어를 구사하더라는 점이다. 점점 그런 경향이 강해질 것이다. 인도나 중국에 가면 각 나라의 수백 개 언어가 사용된다. 인도에서는 텔루구어, 칸나다어, 힌디어, 우르두어 등을 사용한다. 인도인들은 하나같이 TV를 통해 영어를 배운다. 우리 아이들도 언어를 배우기 쉬운 열두 살 이전에 외국어를 배우게 해야 마땅하다. 모든 아이가 여러 언어를 구사하지 못할 이유가 무엇인가?

아이들은 외국어 하나를 배우면 두 번째, 세 번째, 네 번째 언어를 너무나도 쉽게 습득한다.

다음은 사회생활로 넘어가 보자. 내 얇은 책 《미래 일기》에서 나는 함께 시간을 보내고 여가를 즐길 200명의 목록을 적어 보라고 추천했다. 그들은 당신과 함께 성장할 사람들이며 결국 그들 덕분에 당신의 그릇이 커질 것이다. 누가 됐든 적어 보도록 하자.

나에게도 관련 에피소드가 하나 있다. 우리 부부는 8년 동안이나 하와이에 가서 휴가를 보냈다. 한번은 리조트를 임대해서 우리의 친구인 페기 바셋 박사Dr. Peggy Bassette와 시간을 보내고 있었다. 바셋은 캘리포니아 헌팅턴 비치에 본당을 두고 있는 17,000명 신도의 무교파 교회 목사다. 나는 그의 교회에서 결혼식을 올렸고 분기마다 강연을 하고 있다. 페기는 어느 날 운동을 마치고 돌아오더니 이렇게 말했다.

"믿지 못할 걸세. 방금 코나의 알리 드라이브에서 25,000달러에 나온 콘도를 보았네." 그 구역은 하와이의 빅 아일랜드에서도 우리가 가장 선호하는 따뜻하고 건조한 지대였다. 우리는 폐기와 함께 반반씩 나눠 내기로 정한 뒤 수표책을 손에 들고 서둘러 현장에 가 봤다. 각자 계약금으로 125달러를 지불했고 매월 각 100달러를 내는 계약을 체결했다. 그렇게 7년이 지나면 콘도는 온전히 우리 소유가 된다. 절묘한 일이었다.

왜 이런 일이 일어났을까? 그것은 우리가 하와이를 시작점으로 삼은 뒤 거기서 나아가야 한다고 자각해 왔기 때문이다. 나는 일중독에서 삶의 균형을 되찾아야 했기 때문에 머리를 식힐 만한 장소가 간절히 필요했다.

번아웃은 균형이 무너질 때 찾아온다. 머리를 식힐 시간을 확보해야 한다. 정지 시간과 안식년을 정하자. 일에 앞서 쉼을 배치해야 휴가와 영혼의 재충전에 시간을 안배할 수 있다. 실제로 나는 매년 3개월의 휴가를 목표로 삼는다.

하와이로 얘기를 다시 돌려 보자. 우리가 하와이를 찾았던 어느 날, 나는 렌터카 대기 줄에 서 있었다. 옆의 남자가 재채기를 하길래 나는 독일어로 "괜찮으세요?"라고 인삿말을 건넸다. 그는 몸을 돌려 재채기하던 손을 쑥 내밀더니 "안녕하세요, 마크. 나는 당신의 세미나에 여러 번 참석했어요. 빅 아일랜드에서 만나게 돼서 반갑습니다. 나는 하와이의 경제 개발 책임자랍니다." 그의 이름은 글렌 테일러였다.

나는 악수에 응하며 물었다.

"크리스 헤미터Chris Hemmeter 씨가 곧 이곳에 디즈니식 하야 트 호텔을 열 예정이라죠?"

그때는 80년대였다. 독자 중에는 크리스 헤미터가 누구인지 모르는 사람이 있을 테니 약간 설명을 덧붙인다. 헤미터는 고 등학교도 졸업하지 못한 인물이다. 호텔의 말단직인 벨맨으로 일하던 시절부터 헤미터는 최상급 호텔을 자신의 소유로 만들 겠다는 포부를 가졌다. 한술 더 떠서 본인이 슈퍼스타 개발자 로 참여해 세계 각지에 명품 리조트를 짓겠다는 꿈도 꾸었다. 정말 원대하고 담대한 목표가 아닐 수 없다.

실제로 크리스는 오아후섬에 하얏트 호텔을 건설하여 큰 명 성을 얻었다. 탁월한 성과를 거둔 크리스는 연이어 세계에서 가 장 수익성이 높은 호텔인 하얏트 마우이를 건설했다.

크리스는 세계 최고의 네트워커 중 한 명이다. 지미 카터가 대통령이었을 때 크리스는 그를 오아후섬에 있는 자택에 머물 도록 초대했는데 이는 정말 절묘한 일이었다고 한다. 그 뒤 크 리스는 2,500만 달러에 이르는 지미 카터 도서관을 지었다.

또 다른 사례로는 로널드 레이건 대통령과 나카소네 야스히 로 일본 총리와의 일화가 있다. 크리스는 두 거물이 정상 회담 차 하와이에 있는 동안 자신의 집에 머물도록 했다. 그리고 그는 다음 날 하얏트 마우이를 일본인에게 매각했다.

여기서 원칙은 무엇일까? 누구와도 인맥은 쌓을 수 있지만 만나고 싶은 200명의 목록을 사전에 작성해야 한다는 점이다. 두세 사람만 안다고 해도 거기서 시작해서 덧붙여 나가면 된다. 그들을 만났다고 해도 쇼핑 목록에 적혀 있는 우유, 달걀, 버터에 하듯이 줄을 그어 지우지 말자. 영혼의 승리를 상징하는 색인 라벤더색 펜으로 '승리'라고 옆에 쓰자.

어쨌거나 나는 글렌에게 말했다.

"헤미터를 만나고 싶습니다."

"마크." 그는 말을 이었다. "좋은 소식은 9월 2일에 코나 코스트의 북쪽 해안에 위치한 하얏트 와이콜로아가 개장하면 세계 최고의 리조트가 될 것이라는 점입니다. 모든 것을 갖춘 곳이죠. 거기선 완벽하게 디즈니 스타일의 레이저 홀로그래피 쇼를 공연합니다. 350만 달러에 이르는 아시아계 미국인의 예술 작품도 전시되고요. 건물에 도착하기 전에 곤돌라와 모노레일을 타고 리조트 전체를 돌아다닐 수 있습니다. 여기엔 레스토랑이 열아홉 개나 되고 모두 독창적이에요. 나한테 티켓 두 장이 있어요. 근데 아내는 가기 싫어하네요."

"친애하는 친구여, 그게 초대장입니까?" 내가 물었다.

"초대장이라 부른다면 초대장이 맞지요."

"제 아내를 데려가도 될까요?"

"안 될 이유가 없네요."

하와이 현자의 축복을 받게 된 나는 전 세계 각지에서 온 낯선 사람들과 함께 그곳으로 향했다. 우리 눈앞에서 25만 개의 난초가 펼쳐졌다. 어째서 이런 일이 일어났을까? 왜냐하면 나는 항상 내가 있어야 할 곳에 있겠다고 결심했기 때문이다.

큰 소리로 말하자.

"나는 항상 내가 있어야 할 곳에 있겠다. 무슨 일이든지 내가 있는 곳에서 일어날 것이다."

이런 상투적인 표현을 들어봤을 것이다. 사다리는 맨 아래만 붐비고 꼭대기는 한가하다. 당신이 일단 번영을 누리고 마음을 열어 두기만 한다면 다른 많은 사람이 당신 옆에 함께할 것을 확신한다. 지평선에 가까이 다가가면 이내 새로운 지평선이 보인다. 꿈의 기계를 켜 두라. 그런 다음 아무도 끄지 못하게 하라. 마음속에 제국을 건설하라. 월트 디즈니처럼 사후에 이뤄질 수도 있지만 그것은 중요하지 않다. 가슴 뛰는 삶은 현실을 빚어 낸다. 거기에 도착하는 과정 자체에 즐거움이 가득하다.

10장

전 세계가
부를 창출할 시장이다

재무 상황과 관련하여 위대한 명구로 평소에도 종종 듣게 되는 진부한 표현이 있다.

'나가는 돈이 수입보다 많으면 살림살이가 파탄난다.'

돈을 벌어들이는 능력은 돈을 쓰는 능력보다 언제나 앞서가야 한다.

여기에는 두 가지 측면이 있다. 하나는 돈을 버는 능력이고 다른 하나는 순가치다. 당신이 희망하는 수입이 얼마인지 글로 적어 놓아야 한다. 일, 월, 연도별로 기록하라.

재정적인 면에서 성장을 멈추는 것은 곧 죽음이 시작됨을 뜻한다. 그렇게 되면 당신의 돈 버는 능력과 기량에 대한 의심이 피어나기 시작할 것이다.

내 친구들 중에는 강연 사업에서 연간 6백만 달러를 벌어들이지만 7백만 달러를 써 버리는 이들이 있다. 당연히 좋지 않다. 염두에 두어야 할 항목은 소비를 뺀 순수입이며 그게 전부이자 가장 중요하다. 너무 많은 사람이 과소비를 하고 총수입에 따른 생활을 영위하면서 정작 순수입은 무시해 버린다. 당신은 작은 사업을 하면서도 지금보다 이익을 더 키울 수 있다. 또한 대형 사업의 소유자이지만 이익을 내는 방법을 모르는 사업가보다 한층 부유하게 지낼 수 있다. 작게 가져가고 온전하게 지켜라.

당신이 초록 성장을 하고 있는지 확인하자. 무르익었다면 썩을 것이고, 아직 파랗다면 끝나 버리기 때문이다. 항상 안전지대에서 약간 벗어나 있어야 한다. 왜냐하면 안전지대를 벗어나서 이전보다 더 도달하려고 손을 뻗을 때에만 성장할 수 있기 때문이다. 그것이 인생을 흥미롭고 스릴 있게 만들어 준다.

취해야 할 필수 조치를 자세히 기록하자. 누군가 억만장자 H. L. 헌트H. L. Hunt에게 "부자가 되려면 무엇이 필요합니까?"라고 물었다. 그는 내가 당신에게 했던 말과 한 치도 다름없이 말했다. "첫째, 당신이 무엇을 원하는지 알아야 합니다. 둘째, 부를 얻기 위해 무엇을 희생할 겁니까?"

그렇다고 터무니없는 희생을 할 필요는 없다. 당신의 뜻과 반하게 가족을 희생할 필요는 전혀 없다. 나의 절친한 친구 중 하나는 자신의 사업과 말 그대로 사랑에 빠져서 세 번째 부인과 이혼했다. 그 친구는 하루에 24,000달러를 번다. 그는 더 많은 돈을 위해서 사랑하는 삶과 아내를 갖다 바쳤다. 신중하게 균형점을 찾고 종이에 목표를 적었더라면 그렇게 고통스럽게 시간을 축내 버린 문제를 피할 수 있었을 것이다.

월트 디즈니는 당신이 소중히 하는 가치가 명확할 때 의사 결정이 쉽다고 가르쳐 주었다. 나는 당신이 모든 것을 다 가질 수 있다고 말하는 것이다.

영화 〈앤티 맘Auntie Mame〉에서 앤티 맘은 "인생은 파티이지만 대다수 가난뱅이들은 죽을 때까지 배를 곯지."라고 말한다. 적어도 미국에서는 굶게 되지는 않는다. 미국에서 굶주리는 사람이 있다면 이는 구세군, 친선 단체, 중고 매장, 여러 자선 단체 등이 봉사하기를 꺼려하기 때문은 아니다. 오히려 배고픈 사람들이 어디에 도움을 요청해야 할지 모르기 때문에 그들이 굶주리는 것이다. 나는 그 선한 조직 여러 곳과 이야기를 나누어 봤다. 그들이 음식, 의복, 거처, 훈련과 직업이 필요한 사람을 제대로 부족함 없이 돌본다는 점을 잘 알고 있다. 모든 게 무료로 제공된다.

내가 만난 어떤 사람은 이렇게 말한다.

"저는 가난하고 무식하고 궁핍에 찌든 이들이 모인 배급 줄에 끼고 싶지 않을 뿐입니다."

그러면 나는 답한다.

"뭐라고요? 쓰러지고 지친 당신을 돕고 싶어 하는 사람의 손길을 거부하는 건가요?"

지그 지글러는 "도움을 원치 않는 사람을 도울 수는 없다."라고 말했다.

당신은 단기, 중기, (짧아도 5년 뒤) 장기 목표를 미리 적어 놓아야 한다. 5년 동안에 매해 얼마만큼 돈을 벌어들일지 앞서서 생각하고 적어 두어야 한다.

캘빈 헌트Calvin Hunt는 생명 보험 사업을 하고 있다. 그는 33세에 25만 달러를 벌고 싶다고 적었다. 1년이 아니라 한 달 기준으로 말이다. 그는 나에게 전화를 걸어서 이렇게 말했다.

"믿을 수 없는 일이 벌어졌어요. 나는 방금 전 1,500만 달러짜리 평생 보험을 팔았습니다. 단 한 번의 판매로 385,000달러를 벌었다고요."

이 일을 어떻게 설명할 것인가? 나는 말했다.

"캘빈, 당신은 바라는 바를 알고 있었고 그것을 적어 두었습니다. 당신은 잠재력을 최대한 발휘했으며 계속해서 내 오디오를 들으면서 영감을 얻었지요."

당신의 신념 체계는 계속해서 활기를 띠어야 한다. 우리 모두는 둘 중 하나의 상태가 된다. 활기가 넘치든지 아니면 세상 사람들에 의해 욕구와 에너지가 사라지고 무너져 젖은 솜처럼 되는 것이다. 당신이 최고의 유튜브 동영상을 보고 최고의 오디오를 듣고 그런 뛰어난 책을 읽기를 바란다. 우리 한 명 한 명은 평생 배워 가면서 최상급의 수입을 벌어들어야 한다.

5년 뒤 자신에게 주고 싶은 금액을 미리 종이에 적자. 넉넉한 금액을 쓰자. 캘빈 헌트가 목표를 기록하지 않았다면 어떻게 되었을까? 그는 최고 금액의 빅 세일과 슈퍼스타 커미션을 받지 못했을 것이다.

저축의 맨 위에는 상해 보험을 배치하도록 하자. 35살에서 65살 사이 인구 중 절반이 6개월 이상 장애 상태에 처하게 된다. 상해 보험은 매우 적은 비용으로 가입할 수 있다.

두 번째는 생명 보험이다. 많이 가입하길 바란다. 한 달에 50달러짜리 보험료가 아마도 백만 달러의 가치를 가질 것이다. 요즘에는 가입 금액을 백만 달러로 해도 보험료가 많이 비싸지 않다. 만약 기간을 한정하는 보험에 가입했다면 소득이 증가하고 확장하는 추세에 맞춰 평생 보장되는 종신 보험으로 전환하는 게 낫다.

첫 보험으로 기간 한정 보험을 권하긴 하지만 이는 일시적인 방편일 뿐이다. 그런 보험은 이불에 오줌을 싸는 것과 같다. 일시적으로 문제를 해결하지만 장기적으로는 재난급의 악영향을 불러온다. 가능한 때에 여러 영역을 커버하는 종신 생명 보험에 가입하기를 추천한다.

다음으로는 은행들에 돈을 저축하는 것이다. 여기서 은행들이란 단어에 주목했으면 한다. 당신의 돈을 넣은 은행이 수익성이 있는지 확인하자. 미국에서는 가장 규모가 큰 은행이 아마도 가장 불안정할 것이다. 금융 위기는 언제든지 터질 수 있으며 만일 그런 일이 벌어질 경우 은행은 계좌 당 25만 달러에 대해서만 보험에 가입되어 있다는 점에 유념하자. 따라서 은행 계좌 하나당 그 이상을 예금해서는 안 된다.

안전하면서 외국인 대출을 승인하지 않는 신용협동조합credit union에 가 보기를 권한다. 신협은 인근 어디에나 있으며, 당신이 채무를 말끔히 변제한 이력이 있다면 신용 점수가 높지 않아도 대출을 쉽게 받을 수 있다. 당신은 계속해서 대출을 더 많이 받을 수 있다.

미술품, 골동품, 수집품에 투자하는 일은 부를 축적하는 또 다른 방법이 될 수 있다. 작품을 구입하고 싶은 아티스트 목록을 여유가 되기 전에 적어 놓자. 또한 최고의 갤러리를 방문해야 함을 명심하자. 나는 노먼 록웰Norman Rockwell의 작품을 사고 싶다고 적어 두었다. 그는 미국인들의 유머 넘치는 모습을 담아낸 최고의 아티스트다. 펜실베이니아에 살고 있던 나는 록웰 갤러리에 들어가서 록웰이 그린 존 F. 케네디 대통령의 초상화를 한 점 샀다. 그 그림은 지금 사무실에 걸려 있다.

미술 작품으로 부를 얻고 싶다면 오래된 예술가의 작품을 사야 한다. 나는 위대한 서부 예술가Western artist 로이드 오스틴 Lloyd Austin의 작품 몇 점을 계약했다. 우리 회사를 위해 그는 웃고 있는 예수 그림을 그렸다. 대부분의 사람은 예수가 미소 짓거나 웃는다고 생각하지 않았다. 예수가 그랬는지는 알 길이 없지만, 내가 겪은 바에 따르면 현명하고 똑똑한 사람일수록 최고의 유머 감각을 갖고 있다.

예술가들과 가까워지기로 마음먹기 바란다. 우리 곁에는 다양한 매체에서 작업하는 훌륭한 예술가가 많이 있다. 왜 그들을 알아보지 못할까? 그들의 작품을 사서 작가들을 더 훌륭하게 만들지 않겠는가? 당신의 집, 사무실, 진료소는 모두 멋진 예술 작품으로 가득 차 있을 자격이 있다. 예술 작품은 우리가 전 세계와 함께해야 하는 훌륭한 문화 교류 중 하나다.

주식, 채권, 뮤추얼 펀드는 어떤가? 나는 리 아이아코카Lee Iacocca가 승자라는 것을 알고 있었다. 포드에서 그는 머스탱으로 훌륭한 일을 해냈다. 그는 크라이슬러에 가서 버려지고 파산에 직면한, 묘지나 다름없는 회사를 물려받은 뒤 이런 목적 성명문을 내걸었다.

'크라이슬러는 최대 규모의 최고가 될 것이다.'

리 아이아코카의 전문적이고 노련한 리더십 덕분에 크라이슬러의 주가는 급등했다. 나는 크라이슬러 주식을 3달러에 샀다. 여기에서 원칙은 싸게 사서 비싸게 파는 것이다. 회사의 경영을 알아보라. 그런 다음 주식을 매수했을 때는 언제 팔고 나갈지를 적어 두어야 한다. 나는 50달러에 팔고 나오겠다고 적었다. 누군가는 이렇게 말할 수도 있다.

"시작했으면 대박을 내야지."

그렇지 않다. 돼지는 욕심이 많은 법이다. 욕심쟁이는 매번 돈을 잃는다. 주식 시장의 목표는 단 하나, 수익을 내는 것이다.

만약 당신이 시장 하락을 예견한다면, 그러니까 내면의 현자가 모든 지혜를 발휘해 미래를 알려 줬다면? 그때는 주식을 매수한 다음에 공매도를 쳐라. 가치가 오를 것을 기대하는 매수와 달리 공매도는 미래의 특정 시점에 금전적 가치가 하락할 것을 예상하는 투자 기법이다.

주식 시장에는 매일 변동성이 있는데 시장이 오르락내리락할 수 있다는 뜻이다. 나는 어쨌거나 시장이 계속 오를 것이라고 생각한다. 따라서 수많은 종말론자의 말은 신경 쓰지 않는다. 종말론자의 말에 끌리고 그런 책이 잘 팔리는 이유는 다음과 같다.

우리 머릿속에는 오직 두 가지 동기만 있다. 하나는 두려움이고 하나는 믿음이다. 믿음, 사랑, 기쁨에 비해 '두려움'으로 자극하는 편이 훨씬 쉽다.

금, 은, 다이아몬드에 관해서 내가 추천하는 바는 당신이 보석을 착용하면 번영하는 기분을 느끼게 되므로 한층 번영하게 된다는 것이다.

당신은 자기 사업에 투자해야 한다. 세계에서 가장 유명하고 성공적인 투자자인 워렌 버핏은 당신이 할 수 있는 최고의 투자는 당신 안에 있다고 말한다. 책, 수업, 세미나, 코치에 투자한다면 버핏이 말하는 이른바 '미스터 마켓Mr. Market'에 무슨 일이 벌어질지 알게 된다.

최고의 투자는 자기 자신의 머리와 마음에 하는 투자다. 내머리와 마음이 제대로 작동한다면 나도 제대로 작동하기 때문이다.

부동산에 투자하라. 첫 번째 목표는 '내 집'을 마련하는 것이다. 부동산 투자의 목표는 내가 살 집을 구입한 다음 1년마다 주택 한 채에 투자하는 것이다. 다른 사람의 돈을 사용할 수 있다면 당신의 돈을 사용하지 말라. 10년간 1년에 한 채의 집을 사면 경제적으로 자유를 얻고 독립할 수 있다. 10년째 되는 해에는 첫해에 산 집을 재융자하고, 재융자한 돈으로 생활비를 감당하면 세금을 면제받는다. 모든 부를 쌓는 사람의 목표는 세금 없는 생활이며 소득에서 발생한 소득으로 사는 것이다.

호화로운 삶과 집을 갖기로 결정하지 않겠는가? 원하는 모든 것을 갖춘 호화롭고 영광스럽고 멋진 집을 갖겠다고 마음먹는 데는 비용이 들지 않는다. 찾을 수 없으면 설계하면 된다. 당신이 살고 싶은 곳이면 어디든지 충분한 공간이 있다.

만일 당신이 젊고 즐길 여력이 있다면 여러 채의 주택을 소유하는 것에 동의한다. 세금 전략을 현명하게 짜서 첫 번째, 두 번째, 세 번째 집을 소유할 수 있다. 두 채의 집이 아무리 고가라고 해도 회계 장부상 평가 절하write-off를 실행할 수 있다. 이는 억만장자만을 위한 것이 아니다. 당신도 할 수 있다.

다음은 크게 생각하는 것에 대해 이야기해 보자. 나는 같은 시기에 페더럴 익스프레스페덱스의 창립자 프레드 스미스Fred Smith와 베트남전에 참전했다. 프레드는 예일대학교 학생이었다. 그는 소포를 하룻밤 사이에 반드시 확실하게 배달하려면 허브 시스템이 있어야 한다는 간략한 문서를 작성했다. 이런 내용의 리포트를 제출하자 경영학 교수는 이렇게 평했다.

"프레드 스미스, 그것은 어리석은 생각이네. 해서 점수는 C 마이너스야."

프레드는 베트남에서 돌아온 뒤, 작은 회사를 세우는 데 필요한 2천만 달러를 투자해 줄 투자자 그룹을 물색했다. 그 뒤로 2년간 프레드는 시스템을 구축하려 했지만 그러기에는 너무 짧은 시간이었다. 프레드는 투자금을 전액 날리게 되었다. 하지만 그는 포기하지 않았다. 페덱스는 프레드의 대단한 집착이자 큰 아이디어였다. 그는 뒷날 예일대 교수에게 이렇게 말했다.

"교수님은 C 마이너스를 고수하세요. 나는 수십억 달러를 고수하겠습니다. 감사합니다."

테네시에 있는 페덱스 허브에 가려면 밤 11시에서 새벽 2시 사이에 가기를 권한다. 모든 것이 한꺼번에 돌아가고 있을 것이다. 비행기는 매일 밤 천만 개의 소포를 실은 채 도착한다. 크리스마스에는 소포 개수가 천만에서 천오백만 개에 이른다. 3시간 만에 이 모든 물품이 비행기에서 비행기로 이동한다. 모든 것이 색상 코드로 구분되어 깜박이는데 눈길을 사로잡는 장관이다. 이 시스템을 사용하면 이전에는 불가능했던 일을 할 수 있다. 즉, 전 세계에 밤새 소포를 배달하는 것이다.

아무도 할 수 없었던 일을 프레드가 해냈다. 그는 항상 새로운 방법이 있다고 말했다.

그보다 나은 방법은 항상 존재한다. 문제가 무엇이든 당신이 해법을 찾으려 한다면 언제나 해법은 존재한다.

프레드는 IBM과 다른 주요 기업을 위하여 최고의 상품 네트워킹 시스템을 만들었다. 그의 혁신으로 인해 모든 비즈니스가 달라지고 수정되었으며 크게 개선되었다.

만일 텍사스에 가게 된다면 메리 케이 코스메틱 본사를 방문하길 바란다. 거기서는 로봇이 모든 작업을 처리한다. 주문이 입력되면 로봇이 해당 상품을 선택하고 포장하고 옮겨서 처리한다. 메리 케이와 프레드는 이제 모든 상품에 대한 추적 문의를 할 수 있다. 그것은 상품이 세계 어느 곳에 있는지 알려준다.

여기서 비결은 크게 생각하는 것이다. 큰 것을 얻으려면 크게 생각하자.

돈은 네 가지 방식으로 만들어진다.

첫 번째, 나의 일이다. 일에는 위엄이 깃들어 있다. 이는 자존감으로 이어진다. 일은 우아함을 내포하며 우리의 가치를 빚어낸다. 일할 계획을 짜고 정기적으로 자신에게서 더 많은 것을 끌어내는 방향으로 나아가길 바란다.

어떻게 해야 자신을 뛰어넘을지에 관하여 말하는 것이다. 스스로를 뛰어넘어 리더십을 발휘하고, 봉사하고, 경영하며, 금융 자금을 조달하라.

두 번째, 다른 사람의 일에서 돈이 만들어진다. 사람들을 일하게 하라. 정체되어 있기 보다는 타인에게 일을 위임하자. 사람을 고용하여 당신이 할 수 있는 일을 대행하게 하고, 대신에 당신은 자신만이 할 수 있고 다른 사람은 할 수 없는 일을 하자. 실행해야 하지만 노동 대가가 크지 않은 갖가지 일에는 사람을 고용해서 비용을 지불하라. 그것은 당신에게 여유 시간을 확보해 주고 그 직원에게는 새로운 기회를 만들어 줄 것이다.

세 번째, 돈이 일한다. 위에서 나는 포괄적이고 구조화된 방법으로 기본 투자 단계를 다루었다.

마지막으로 아이디어가 일한다. 아이디어는 큰돈을 벌게 한다. 몇 년 전, 고객이 전화를 걸어와 "마크, 나는 스프린트의 마케팅 이사가 되었습니다."라고 말했다. (그 이후로 2020년에는 스프린트가 티모바일과 합병했다.)

나는 말했다.

"오, 굉장한데요. 축하합니다. 당신이 정말 자랑스럽습니다. 당신이 적임자라고 회사가 비전을 갖게 된 점에도 감사합니다."

스프린트가 무엇을 의미하는지 아는가? 남태평양 철도 연합 네트워크 전송Southern Pacific Railway Integrated Network Transmission 의 약자다. 스프린트는 철도에서 시작되었다. 남태평양 철도 Southern Pacific Railroad는 수천 마일의 선로를 운영했으며 그 선로를 따라 달리는 수천 마일의 전신선도 갖고 있었다. 1970년대 초 이 회사는 기존 통신 회선을 장거리 전화에 사용할 방법을 찾기 시작했다. 이는 오늘날 스프린트의 초창기 모습이다.

수십 년 전만 해도 철도 회사들은 이렇게 말했을 것이다.

"우리는 철도 사업이 아니라 운송 사업을 한다."

지금 대부분의 철도 회사는 이렇게 말한다.

"아니요, 우리의 사명은 철도, 바로 이 비즈니스입니다."

스프린트는 다른 입장을 취했다.

나는 당신에게 이 말을 전하고자 한다. 당신의 번영 목적 선언문은 충분히 크고 포괄적인가? 그래서 그 서면 목적 선언문으로 당신이 될 수 있는 가장 위대한 사람으로 성장할 수 있는가?

스프린트는 미국에서 유독 가스의 대부분을 배송한다. 철도 배송이 가장 안전한 방법이기 때문이다. 보안을 위해 스프린트는 디지털 광섬유를 개발해야 했다.

놀라운 사실은, 열차 중 하나가 전복되어도 스프린트는 나노초 안에 이를 알려서 도시 전체에 독성이 퍼지지 않도록 억제

할 수 있다는 점이다.

아이디어 지분은 가장 위대한 것 중 하나다. 우리 시대의 위대한 부의 축적자들에 대해 읽어 가다 보면, 그들 모두는 기본적으로 아이디어로 부를 쌓았다. 각각의 위대한 부의 축적자들은 필수적으로 그들 주위에 뜻을 함께하는 마스터 마인드 동맹 그룹을 만들어서 큰 아이디어를 실행하는 데 도움을 받았다.

무엇을 원하든지 간에 머리와 마음을 다해 진정으로 원한다면 가질 수 있다. 나는 진심으로 머리와 마음에서 재미있다고 느끼는 일을 하고 싶다. 이렇게 할 때 모든 사람이 당신의 본성, 활기, 흥분, 열정에 끌릴 것이다. 열정이란 내면에 신이 함께함을 의미한다.

따라서 계속 반복하지만 번영은 내부의 작업이다. 번영의 사고방식은 무한한 부와 자기완성형 번영으로 이어지는 일종의 보상을 제공한다.

"당신은 몰라요, 마크. 나는 고정 수입이 없어요."라고 말할지 모른다. 고정 수입 같은 것은 없고 고정 마인드셋만 있을 뿐이다. 오직 당신만이 마음을 통제할 수 있다. 진정으로 생각하고 느끼고 믿는 마음으로 바꾼다면 만사가 형통한다. 끌어당김의 법칙이 시작되면서 이내 당신은 번영한다!

누가 당신의 금전 상황을 돌봐야 하는가? 당신이 해야 한다.

연금이 은퇴 비용을 충당해 줄 것이라고 기대하지 말라. 당신은 이런 말로 숨을 수도 있다.

"나는 결혼했어요. 배우자가 돈을 많이 벌어요."

오, 정말 좋은 일이다.

당신의 배우자가 해고되거나 사망하거나 장애를 입을 수도 있기 때문에 수입이 있을 때 쌓고 지키자.

나폴레온 힐은 지금 정해진 것보다 많은 일을 하면 뒷날 더 많은 보상을 받을 것이라고 말한다.

당신이 암기하고 끝없이 반복해야 할 힐 박사의 유명한 말이 있다.

"마음이 상상하고 믿을 수 있는 것은 무엇이든 이룰 수 있다."

다음은 스스로에게 물어볼 질문이다. 나의 관념은 얼마나 거대한가? 내 인생의 의제는 얼마나 웅장한가? 나는 얼마나 부자가 되고 싶은가? (숫자이어야 하고 당신이 선택한 숫자는 재정 상황에 따라 오르거나 내릴 수 있으니 현명한 선택을 하라.) 내가 살고 싶어 하는 인생은 얼마나 의미 있는 삶인가? 최고이자 최선인 나 자신을 마음껏 표현하고 싶은가?

당신의 신념 체계가 당신을 시험한다. 그 신념은 얼마나 대단한가? 현재 일론 머크스처럼 강력한 선을 행하는 훌륭한 기업가가 많이 있다. 그들은 스토리텔링에 뛰어나다. 그러나 당신이 그들과 정말로 가까워지게 된다면, "저 남자나 여자가 나보다 더 똑똑한 건 아니네."라고 말할 것이다. 그들이 할 수 있다면 당신도 할 수 있다.

덧붙이자면, 당신을 과소평가하지 않고 그 열망에 영감을 불어넣고자 한다. 대부분의 사람이 지금 하는 것보다 열 배, 백배, 또는 천 배 더 많이 해낼 수 있다는 것을 보여 주기 위한 것이다.

미국에서 가장 기업가 정신이 탁월한 백만장자의 사례 중 하나로 허브캡애니Hub Cap Annie를 꼽는다. 애니 어틀리Annie Utley는 초등학교 6학년을 마치지 못한 사람이다. 그런 그녀가 라스베이거스의 도로에서 차바퀴를 모으기 시작했다. 오늘날 허브캡애니는 자동차 부품의 주요 소매 프랜차이즈가 되었다.

어디에서 출발했느냐가 아니라 어디로 가고 있는지가 중요하다. 번영을 만들기 위해 당신의 마음, 심장, 에너지를 어떻게 쏟아붓고 있느냐가 중요하다는 말이다. 에머슨은 "올바른 일을 하면 올바른 힘을 갖게 될 것이다."라고 말했다. 그 말을 변형하자면 올바른 생각을 하면 바로 지금 여기에서 올바른 결과를 얻을 수 있다가 된다.

허브캡애니의 이야기에서 확인한 것처럼 이렇게 말해 보자.

"그녀가 할 수 있다면 나도 할 수 있다."

애니는 그녀의 일을 했고 당신 역시 당신의 일을 할 수 있다. 태어나는 순간부터 당신 안에는 성공을 향한 스릴 넘치는 운명이 새겨져 있다.

여기 또 한 사람을 살펴보자. 나는 스타빙스튜던츠Starving Students의 창업자를 인터뷰한 적이 있다. 그는 대학에 다닐 때 학비를 낼 돈이 없었고 재정 지원이나 장학금도 받지 못해서 졸업을 할 수가 없었다고 한다. 그의 부모님 또한 가진 게 없어서 도움을 줄 수가 없었다.

1973년에 이 남자는 자신에게 이렇게 일렀다.

"회사를 차릴 거야. 스타빙스튜던츠무빙컴퍼니Starving Students Moving Company, 배고픈 학생을 위한 이사 업체라고 부르겠어."

이 회사를 통해서 그는 수백만 번의 이사를 성공적으로 수행했다.

미스터 와플Mr Waffles이라는 프랜차이즈가 있다. 여기서 일을 하면 다음 매장을 열어서 매니저가 될 수 있다. 그 뒤로 2년간 계약된 서비스를 마치면 상점 수익의 절반을 받게 된다. 이런 과정을 성공적으로 거친 이들이 많다.

세상 곳곳에 이런 식의 성공이 존재한다는 점을 깨닫고, 찾아볼수록 그 사례가 얼마나 많은지 놀라게 될 것이다. 프로토

콜을 따르고 번영하는 생각을 하면 부자가 된다.

주식으로 부자가 되는 '직원 스톡옵션'ESO과 관련한 프로그램이 있다. 또한 기업이 전 직원의 퇴직금을 보장하기 위해 생명 보험을 사용하는 등 여러 방법이 있는데, 지금 서른 살이라면 주당 20달러를 IRA퇴직 연금 계좌에 적립하자. 적정 수익을 올린다면 은퇴할 때 150만 달러를 벌게 될 것이다. 약간의 위험을 감수하고 관심을 기울이면 높은 이자를 받을 수 있는 곳이 널려 있다.

우리는 두 가지 방식으로 급여를 받는다. 대다수 근로자는 매달 받는 급여의 관점에서만 생각한다. 그러나 실제로는 누구도 임금을 받고 있지 않다는 점을 지적하고 싶다. 임금이 아니라 수수료다.

"잠깐만요, 저는 비서입니다. 시간당 8달러, 12달러, 20달러를 벌어요."

하지만 일을 그만두면 급여가 끊어져 버리지 않는가. 그래서 수수료인 것이다. 이는 단지 당신의 두려움을 달래기 위해서, 당신의 진정한 가치만큼 지불하지 않으려고 당신을 설득하기 위해 급여라 부를 뿐이다.

우리가 돈을 받는 두 번째 방법은 직업에서 얻은 경험이다. 돈 버는 기술을 정말로 마스터한다면 자신의 사업을 시작하고 당신이 만든 가치 전부에 돈을 받게 된다. 당신은 할 수 있다. 세상은 당신이 해내기를 원한다. 또한 당신이 필요로 하는 것이 무엇이든 다른 사람도 필요로 한다는 것을 기억하자. 노먼 빈센트 필은 말했다.

"필요하거나 원하는 것을 찾아 채우십시오."

기회는 어디에나 있다. 앞서 강조했듯이 휴대 전화, 4만 개의 위성, 로봇, 무엇이든 찍어 내는 3D 프린팅(신체 일부 포함)과 AI 기술의 발달로 40억 명의 소비자가 온라인을 활용할 수 있게 되었다. 이는 시장에 기회가 더 빠르게 증폭된다는 점을 뜻한다.

이제 모든 시장이 세계 시장이다. 80억 명의 소비자가 존재한다는 뜻이다. 당신이 할 일은 10억 명의 사람들에게 물건을 팔아서 1달러를 벌어들이는 것뿐이다. 그러면 억만장자가 된다.

당신이 한번 연역적으로 생각해 보길 간절히 희망한다. 버키의 말처럼 말이다.

"우주에서 세계로, 다시 미국으로, 다시 당신이 사는 곳으로 생각해 나가자. 그들이 필요로 하는 것을 인류 전체에 제공할 방법을 생각하고 생각하라."

얼 나이팅게일은 보상이 네 가지 요소에서 나온다고 말했다. 당신이 하는 것에 대한 수요가 얼마나 되는가? 그것을 해내는 당신의 능력은 어느 정도인가? 당신을 대체하기가 얼마나 어려운가? 사람들이 당신에게만 요구하는가?

바로 그것이 당신이 가야 할 방향이다. 자신을 필수 불가결한 존재로 만들어라.

11장

세상에서 가장 큰
종이 클립

아이가 걷는 법을 배울 때까지 얼마나 걷기 연습을 많이 하는지 떠올려 보자. 꽤 시간이 걸린다. 미국의 학교 시스템에서는 여전히 종형 곡선에 기반하는 이제는 쓸모없어진 대량 산업 시대의 학습 모델을 가르치고 있다. 일부는 승자가 되고, 일부는 패자가 되며, 대다수가 중간에 머물게 된다.

하지만 TV 프로그램 〈60분Sixty Minutes〉에 등장했던 교사에게 배운 것처럼 누구나 A를 받을 수 있다. 그녀는 빈민가에서 수업을 시작했는데 6학년이 끝날 무렵 아이들은 진학을 계속하고 나아가 대학생이 될 수 있었다. 이 선생님이 아이들을 긍정적으로 강화한 결과였다. 그녀는 아이들이 A를 받을 것이라고 믿었고, 학생들에게 여기서 한 사람도 빠짐없이 A를 받도록 서로가 서로를 도우라고 말했다. 그랬더니 모두가 모두를 도왔다. 월요일 시험에서 문제를 10개 틀리면 화요일에 다시 시험을 치를 수 있었으며, (모두가 정답을 맞힐 때까지) 수요일에 시험을 다시 치렀다.

나는 앞에서 콘웰 박사가 6,000번이나 연설했던 '다이아몬드 땅'에 대해 말했다. 연설을 들으러 온 한 농부는 부부의 입장료로 각각 10달러를 지불했다. 남편은 콘웰의 말을 들은 뒤 아내를 자극하는 말을 쏟아 냈다.

"콘웰이 한 시간 동안 '누구나 부자가 될 수 있다.'고 했잖아. 당신은 그 말도 안 되는 소리를 정말 믿더라. 자, 당신이 그렇게 똑똑하다면 우리를 부자로 만들어 봐."

에이브러햄 링컨 박물관과 도서관에 가 보면, 링컨 대통령의 모든 문서에 피가 묻어 있는 것을 보게 된다. 그때는 사람들이 뾰족한 핀으로 문서들을 하나로 꿰어서 고정시켜 놓았기 때문이다. 농부의 아내는 그것을 보았다. 이 여성은 "이것들을 함께 보관하는 더 좋은 방법이 있어요."라고 말했다. 그녀는 종이 클립을 발명했다. 오늘날 필라델피아 시내에 가면 그 작은 여인의 상상력에 헌정된 종이 클립 기념물이 서 있다. '세상에서 가장 큰 종이 클립'이라고 불리는 7층 건물 높이의 기념물이다.

주위를 둘러 보자. 기회는 어디에나 있다. 번영하려면 아이디어 하나만 있으면 된다. 대부분의 사람들은 도토리에서 도토리만 본다. 하지만 어떤 사람은 떡갈나무를 본다.

다시 말하지만 종이에 우선순위를 적어 두어야 한다.

101개의 목표를 적어 보자. 좋은 소식은 적어 둔 것의 85~90%가 이듬해에 믿을 수 없는 방식으로 손쉽게 힘들이지 않고 자동으로 실현된다는 점이다. 설정한 목표가 흥미롭고 역동적이며 의미 있는 목적이 될 수 있는지 확인하자. 혁신을 위해 나아가라.

한번은 뉴욕에서 연설을 하다가 목발을 짚고 있는 여성을 보았다. 무엇이 내가 그렇게 말하게 했는지 모르지만 잠재의식이 이끄는 대로 말을 꺼냈다.

"당신이 걷는 모습이 보입니다."

6개월 뒤 나는 같은 청중과 다시 이야기를 나누기 위해 강연장에 갔다. 종전의 그 여성이 다가오더니 나를 안아 주며 말했다.

"저를 기억하세요?"

사실은 기억이 안 났지만 나는 웃으면서 "네."라고 답했다.

"'당신이 걷는 모습이 보입니다.'라고 선생님께서 말씀하셨

잖아요. 의사는 포기하라고 했지만, 선생님만은 내가 걸을 수 있다고 믿어 준 덕분에 내가 지금 걷고 있습니다."

감격스러운 일이었다. 당신과 나는 다른 사람에게 엄청난 영향을 미칠 수 있다. 그것은 윙크나 미소처럼 간단하다. 이제부터 능력자인 것처럼 행동하고 성격을 아름답게 꾸미자. 이런 것들은 내다 팔면 안 되는 물건들이다.

우리는 굉장히 흥미로운 시기를 살고 있다. 우리는 다시 완벽하게 일을 해낼 것이다. 캘리포니아의 미션 비에호Mission Viejo 에는 올림픽 다이버 그렉 루가니스Greg Louganis를 훈련시킨 론 오브라이언Ron O'Brien이라는 훌륭한 코치가 있다.

오브라이언은 프로였다. 그는 지도하는 아이들을 언제나 비디오로 촬영하지만, 다이빙이 완벽하게 되었을 때만 영상을 보여 주었다.

보통 사람들은 "너는 서툴러." 또는 "참 못했다."라고 비난한다. 그들은 "공을 낮게 안쪽으로 던지지 마."라고 지시한다. 그러면 잠재의식은 "하지 마."라는 말은 듣지 못하기 때문에 낮게 안쪽으로 공을 던지고 만다.

오브라이언은 말했다. "그렉, 너는 이 다이빙을 18만 번이나 완벽하게 해냈어. 이제 한 번만 더 완벽하게 해내면 돼. 그렉, 그렇게 할 거지, 안 그래?"

아이는 해내고 만다. 자신이 완벽하게 해내는 것을 보았기 때문에 완벽하게 또 해낼 수 있다.

훌륭한 코치와 영감을 주는 위대한 교사는 패자를 일으켜 승자로 바꿔 놓는다. 왜냐하면 그들을 승자로 바라보기 때문이다. 이런 주제의 영화로는 〈언제나 마음은 태양To Sir with Love〉과 〈스탠드 업Stand and Deliver〉이 있다.

훌륭한 코치나 교사가 함께한다면 누구나 승자가 될 수 있다. 그런 상황이 아니라면 책, 비디오, 오디오, 세미나에서 찾아보자. 그들과 어울리고 마스터 마인드 파트너가 되자. 고용된 사람들에게는 괜찮은 생활 수준을 보장해 줘야 한다. 우리 각자는 비용 대비 결과가 탁월한 혁신을 해야 한다.

바로 지금 몸에 손을 얹고 말하자.

"나는 최첨단이자 미래의 최전선이다."

번영을 구축할 때는 최첨단이 되어야 하지 않을까? 더 좋은 것은 미래의 최전선이 되는 것 아닐까? 이전보다 정교하고 흥미롭게 실행하기로 결정하지 않겠는가? 이미 강조했듯이 주는 행위의 은사는 받는 것이다. 나는 감사하는 마음으로 관대하고 창의적이고 대담하게 의식 속에 뿌린 것을 수확하고 체험한다. 그것은 배가 되어 돌아올 것이다.

보고 느끼고 믿고 행동해야 한다. 에머슨은 "올바른 일을 하면 올바른 힘을 갖는다. 그 힘은 번영이 진화하는 쪽으로 움직인다."라고 말했다.

번영의 의식 수준을 높이려면 다른 사람의 의식 수준도 향상시켜야 한다. 내가 절실히 배워야 할 것을 가르치면 모든 방향에서 나에게 돌아온다. 더 많은 번영이 필요하다면 번영을 가르치자. 오늘 한 가지 포인트를 배우면, 그걸 듣고 배워서 이득을 얻을 사람에게 가르쳐 줘라. 무엇보다도 이런 가르치는 행위는 당신이 진정으로 원하는 향상심을 내면에 단단히 자리 잡게 한다.

부를 쌓는 또 다른 아이디어는 기업가가 되는 것이다. 기업가 정신을 가진 개인이 뛰어난 아이디어를 대형 브랜드 기업에 판매하는 경우다. 대형 기업은 제품이나 서비스를 유통하고 마케팅해서 수익을 낼 기반을 갖추고 있다. 3M의 아서 프라이 Arthur Fry 박사는 포스트잇을 발명했는데 연간 500억 개가 팔린다. 기업가로서 그는 포스트잇으로 벌어들인 이익의 1%를 받기로 계약했다.

마인드를 마스터하고 기업가가 되자. 기업은 혁신에 따라 살거나 죽기 때문이다. 효과를 거둘 훌륭한 아이디어나 혁신을 생각해 낸 다음 유통망을 갖춘 대형 기업을 찾아가라. 단, 슈퍼스타 에이전트와 함께 가서 영구적인 계약을 맺고 지속적으로 이익을 배당받아야 한다.

번영에서 오는 즐거움은 나의 번영을 증가시킨다. 수중에 1달러뿐이라도 기쁨과 행복으로 순환시키자. 달러숍인 픽앤세이브Pick 'n Save에 가 보자. 주머니가 비어 있는 사람도 달러숍에 가면 부자가 된 기분을 느낄 수 있다. 픽앤세이브에 가면 거의 공짜로 보물을 얻을 수 있다.

새 옷을 저렴하게 구입하는 방법은 무엇일까? 이 방법은 나의 아내 그리고 영감을 주는 작가인 캐서린 폰더 박사Dr. Catherine Ponder에게서 처음으로 배운 것이다. 새 옷을 원하면 최소한 분기별로 옷장을 살펴보자. 옷마다 포스트잇을 붙이고 1에서 10까지 점수를 매긴다. 단, 결혼식 드레스처럼 감정적 가치가 남다른 옷은 제외한다. 이때 8보다 낮은 점수를 받은 옷은 구세군, 굿윌 또는 도움이 필요한 사람을 진정으로 돕는 중고품 가게에 기부하면서 옷장에서 제거한다.

기꺼이 소유물을 기부하자. 더는 입지 않는 옷, 장신구, 안경, 신발, 생활용품 등을 기쁜 마음으로 내놓지 않으면 새 옷, 새 신발, 새 액세서리가 기쁨이 되어 돌아올 틈이 없다. 내 손에서 나간 것들은 놀랍거나 깜짝 놀랄 만한 방식으로 되돌아온다.

오래된 옷을 나눠 주자. 놀라운 일이 일어날 것이다. 우리 부부는 결혼 초기에 심야 영화를 보러 갔다. 그 당시 우리 주변에는 하루 24시간 운행하는 택시가 없었다. 영화관에서 나왔을 때 내 차는 배터리가 다 돼서 차의 헤드라이트가 어둑했다. 아내는 물었다.

"집에 걸어가야 하는 건 아니죠?"

"아, 집에 어떻게 가지?"

다음 날 아침, 나는 전날 밤 차를 두고 왔던 곳으로 다시 갔다. 그런데 눈앞에 '정품 가격의 10% 이하 고급 의류'라고 광고를 써 붙인 가게가 보이는 게 아닌가. 그 가게는 브리오니, 지방시, 카날리, 페라가모 같은 최고급 남성 의류와 신발을 팔고 있었다.

나는 비운 상태를 만들었기 때문에 환상적인 옷을 구입할 수 있었다. 비운 상태를 만들면 무엇인가가 채워져야 하므로 헌 옷을 버리면 새 옷이 마법처럼 도착하여 그 자리를 차지한다. 가격은 낮은 수준이든지 가격표가 아예 없을 수도 있다. 누군가 당신에게 선물로 줄 것이다. 그 옷들이 나타날 수 있는 백만 가지 방법이 있다. 온갖 종류의 방식으로 나타날 수 있다.

남캘리포니아에서는 '첫 번째 목요일'이라는 행사가 열린다. 가수 셰어 같은 LA의 슈퍼스타들이 첫 번째 목요일에 옷을 내놓고, 고급 의류업체는 제조할 때 여분으로 남은 오버런 의류을 제공한다. 이때는 옷들이 엄청나게 저렴한 가격으로 판매되고 거기서 모인 돈 전부가 자선 단체로 보내진다.

몇 해 전, 나는 턱시도를 101가지 목표 중 하나로 기록했다. 구입할 여유가 있긴 했지만 밖에 나가서 그런 큰돈을 쓰고 싶지도 않았고 필요가 크게 느껴지지도 않아 서두르지 않았다. 나는 어느 날 단지 '턱시도를 원한다.'라고만 적었을 뿐이다.

내가 집에 돌아왔을 때 아내는 첫 번째 목요일 행사에서 "방금 925달러짜리 턱시도를 25달러에 샀어요."라고 말했다. 재단사가 손목의 커프스만 마감하면 완벽했는데 나는 집 안에서 턱시도를 차려 입고 자유를 만끽하게 되었다.

그 턱시도 소망은 매우 빠르게 이루어졌다. 왜 그랬을까? 계속 나눠 주면 멋진 옷들이 계속 나타나기 때문이다.

또 다른 번영의 포인트는 시간을 잘 통제해야 한다는 것이다. 시간을 잘 관리하고 아끼고 하루를 빠르게 시작하려면 전날 밤에 다음 날 입을 옷을 정리해 두도록 하자. 그러면 아침이 되었을 때 샤워를 하고 옷을 걸치기만 하면 된다. 아침 샤워를 하는 동안 기운을 뿜어내면서 스스로에게 긍정적으로 "나는 번영한다. 나는 행복하다. 나는 신과 하나다."라고 노래한 다음 날렵하고 능숙하게 하루를 시작하기 바란다.

당신은 어떻게 에너지를 얻는가? 활기 있게 지내기로 결정해야 한다. 이는 여러 측면을 갖고 있다. 나는 버키 풀러가 서던일리노이대학에서 강의를 하던 시절에 그를 집에서 대학까지 차로 데려다 주곤 했다. 새벽 2시 30분에 그를 집에 떨어뜨리면 나는 졸린 눈이 되었고 그때 버키는 "오전 4시 30분에 데리러 오게."라고 말했다. 그 당시 나는 스물한 살, 그는 일흔한 살이었다. 나는 심술이 나서 "농담이죠?"라고 쏘아붙였다. 내가 다시 오면 그는 항상 준비되어 있었다. 도대체 어떻게 그럴 수 있는 건지 이해할 수 없었다. 마침내 나는 "버키, 당신은 명상을 하나요?"라고 물었다. 그는 "마크, 이해가 안 가나? 나는 명상과 더불어 산다네. 적절하게 활력을 유지하고 있어. 이건 내가 해야 할 일이니까. 알았으면 하는 사실은, 친구, 당신의 주인은 당신이 아니라는 사실이야. 우주가 자네를 소유하고 있고 자네는 우주를 섬기기 위해 여기 있는 거야. 자네는 내가 확장된 버전이 될 거야. 혼자 서는 걸 배울 때까지 잠시 동안만 나를 섬기고 있는 걸세."라고 말했다.

내가 물었다.

"밤에 잠들 때는 뭘 하세요? 어떻게 해야 활기가 넘칠까요? 간단한 방법이 없나요? 밤에 2시간만 자는데도 말이에요."

"우선 밤중에 딱 한 번만 90분 동안 깊이 잠들면 되네. 잠에 빠져들 때는 고개를 끄덕이기 3초 전까지는 피곤하다는 말을 하지 마. 잘 보게. 대부분의 사람들은 아침에 일어나서 '맙소사, 어젯밤에 잠을 잘 자지 못했어. 너무 피곤해.' 하고 푸념한다네. 정신적으로 잘못된 행동을 해 놓고선 왜 잘못된 결과가 나왔는지 궁금해 하지. 잠들기 전에는 '나는 즉시 깊은 잠을 자게 될 것이다.'라고 자신에게 말하게. 그런 다음 '나는 온전히 매우 상쾌하게 일어날 것이다.'라고 자신에게 말하면 되네."

W. 클레멘트 스톤은 미루기를 끝내는 방법에 대해 두 가지를 가르쳐 주었다. 먼저 미루기를 멈추려면 손을 내밀어 두 손으로 그것을 부수고 찌르라고 했다. 그 다음은 당장 하는 것이다. 이것을 열두 번 연속으로 한다. 그런 다음 조치를 취한다.

그는 또한 "매일 아침에 일어나면 '나는 건강해, 행복해, 기분이 좋아.'라고 스스로에게 말하라."고 조언한다.

일단 활력이 넘친다고 말하면 더 좋은 음식을 먹기 시작할 것이다. 당신에게 적합한 비타민을 섭취하기 시작할 것이다.

일종의 성공 철학가로서 말하건대 당신이 아주 많은 목표를 세웠으면 한다. 나폴레온 힐은 단 하나의 분명하고 중요한 목적이 있어야 한다고 가르쳤다. 당시에는 다면적 지능multiphasic intelligence이 각기 다른 시간대에 서로 거의 중첩되지 않는 영역에서 작동한다는 사실을 알지 못했다. 여러 가지 목표는 여러 생명체마다 생장 시간대가 다르듯이 각자의 시간대에 실현될 것이다. 병아리의 부화 기간은 21일이고 인간 배아의 임신 기간은 9개월이며 코끼리는 2년이다.

일단 101개의 목표를 적었다면 항목의 왼쪽에 1에서 10까지 척도로 감정의 우선순위를 매긴다. 당신의 강렬한 욕망과 거대한 집착을 더 높은 수준의 우선순위에 두도록 하자. 눈을 감고 말하자. 이중에 지금 가장 중요한 것은 무엇이며 내가 깨달을 수 있는 것은 무엇인가? 당신의 마음이 자기 파괴적인 잘못된 영역으로 고통받지 않는 한 그것은 수월하게 성취될 것이다! 목표를 이런 식으로 쓰자. 나는 이것이다. 그리고 나는 이것을 갖고 있다.

짧은 이야기를 하나 들려주려 한다. 15세기 독일에는 15명의 자녀를 둔 아버지가 있었다. 아이들을 너무나 사랑한 그 아버지는 모든 아이를 먹일 수 있도록 세 가지 직업에 종사했다.

막내 둘은 아들이었는데 아버지에게 이르기를, 둘 다 명문 뉘른베르크 미술 아카데미에 가서 화가가 되고 싶다고 했다. 하지만 온종일 일을 해도 모든 가족을 부양하기가 버거웠던 아버지에겐 공부를 뒷받침해 줄 만한 여력이 없었다.

두 소년은 둘 중 하나가 탄광에 가서 다른 한 명에게 필요한 학자금을 모을 때까지 밤낮 없이 일하기로 했다. 그러면 한 명은 다른 형제가 탄광에서 번 돈을 사용하여 뉘른베르크 아카데미를 거쳐 예술가로서 큰 명성을 쌓을 것이다.

미술 아카데미에 들어간 아들은 순식간에 센세이션을 일으켰다. 그가 작업한 모든 작품이 걸작이었다. 교사들은 그에게 기교와 세련미를 가르쳤을 뿐이다.

이 아들이 졸업할 즈음이 되었을 때 아버지는 있는 힘껏 준비하여 모든 가족과 이웃을 초대해 파티를 열었다. 아버지는 말했다.

"우리 가족 모두에게 힘을 실어 준 사랑하는 아들들에게 축하를 전하고 싶습니다. 나는 두 아들 알브레히트와 알베르트 뒤러를 너무나 사랑합니다."

위대한 예술가는 알브레히트였다. 아버지는 말했다.

"알브레히트, 나는 네가 해낸 일이 너무나 자랑스럽구나. 여기 계신 모든 분 앞에서 너를 위해 건배하고 싶구나."

알브레히트는 다음과 같이 말했다.

"친절하신 아버지, 저와 작품을 위하여 건배해 주셔서 감사합니다. 하지만 나의 사랑하는 형제 알베르트가 탄광에 가지 않았다면 나는 아무것도 할 수 없었습니다. 여기서 우리가 할 일은 동생을 칭찬하는 일입니다. 나는 한 작품의 커미션으로 내 형제를 아카데미에 보낼 충분한 돈을 벌었습니다."

그런데 알베르트는 일어서서 눈물을 흘리며 말했다.

"사랑하는 형님, 나는 형이 학교에 갈 수 있도록 하루 2교대로 광산에서 일했습니다. 그 사이 관절염에 걸려 손을 펴지도 못하니 미술 학교는 생각하지도 못하게 되었어요."

알브레히트는 답했다.

"알베르트, 너를 너무나 아끼는 마음을 담아서 그린 그림이야. 내가 예술가가 되게 해 달라고 하늘을 가리키며 기도했던 너의 두 손을 그렸어. 네가 했던 헤아릴 길 없는 완벽한 희생을 영원히 보여 주기 위해서지. 너는 결코 잊히지 않을 거야."

알브레히트의 걸작 '기도하는 손'은 전 세계에 많이 알려져 있으며 여러분도 이 그림의 사본을 갖고 있을지 모른다. 알브레히트는 형제를 존경하는 마음으로 기도하는 손을 그렸다.

번영은 내면의 일이기는 하지만 혼자서는 이룰 수 없다는 점을 일러 주고 싶다. 우리가 참여하고 통합하고 다른 사람과 함께할 때만 가능하다. 알브레히트에 대한 알베르트의 사랑과 헌신은 우리에게 '기도하는 손'이란 작품을 주었다. 그 사랑은 헌신적인 우애, 존경, 감사의 힘이었다는 사실을 알 수 있다.

나는 오늘 당신이 자기 자신 안에서 보는 것보다 더 많은 것을 보기 위해 헌신하고 있다. 내가 언제나 당신이 더 높은 성공, 사랑, 기쁨, 부에 도달하고, 결국 당신의 운명을 성취해 내기를 응원하고 있다는 점을 기억하라. 우리 각자는 혼자가 아니라 모두 하나가 되기 위해 여기에 있다. 내 안의 영혼이 당신 안의 영혼을 존경한다.

12장

협력과 혁신으로
성공에 다가서라

적자생존의 원리로 유명한 찰스 다윈은 "최후에 살아남는 종은 가장 강한 종도 가장 지적인 종도 아닌 변화에 가장 잘 적응하는 종이다."라고 말했다.

허리케인이 발생하면 나무들은 굽은 채 살아남거나, 너무 단단해서 부러져 버린다고 한다. 어떤 도전이 닥치더라도 우리는 생존하기 위해 구부리고 선회할 수 있다. 대대적인 변혁에 능통해야 하는 것이다. 이런 지혜는 가해지는 압력 속에서 약간 구부릴지언정 절대 부러지지는 않도록 하는 데 도움이 된다.

오늘날 우리는 인류 역사상 그 어느 때보다 능숙하고, 빠르고, 차원 높은 지혜를 바탕으로 생각하고, 움직이고, 적응하고, 변화해야 한다. 생존한 사람이 변화까지 실행한다면 이는 가장 높은 수준의 적응력이라 할 수 있다. 당신이 현명하며 적응과 변화에 준비가 되어 있다면 생존을 넘어서서 완연히 번성할 수 있다.

이 책에서 나는 당신이 전염병, 경기 침체, 개인적 위기에 처해 있거나 이제 막 그런 일이 다시 벌어지려 할 때 도움이 되어 줄 중요한 정보를 공유하고자 한다.

시대를 막론하고 삶은 항상 도전과 기회로 가득 차 있었다. 역사를 통틀어 인간의 삶에는 홍수, 지진, 화재, 유행병, 역병, 전염병 및 시장 붕괴를 비롯한 온갖 종류의 시련과 고난이 끊이지 않았다. 그 속에서도 조상들은 항상 살아남았고 궁극적으로 번성했다.

우리 또한 그리 될 것이다. 그렇게 하려면 가장 실용적인 통찰력, 지혜, 정보를 이용할 수 있어야 한다. 이 책은 그런 역경이 닥쳤을 때 유용한 가이드 역할을 하고자 한다. 그 안에 담긴 단순한 진리들이 건강하고 안전하며 궤도를 이탈하지 않는 삶을 살아가도록 나침반이 되어 줄 것이다. 무엇보다 중요한 것은 그 나침반이 어제보다 강해지고 나아진, 한층 잘 준비된 삶을 살아가도록 이끌어 준다는 점이다.

나는 또한 무엇보다도 단단한 희망으로 영감을 불어넣고 싶다. 그 희망이 당신이 걸어갈 변화의 여정에서 버팀목이 되어 줄 것이다. 희망을 품게 되면 살아남을 것이고, 투쟁과 역경을 헤쳐 나가며 결국 유리한 위치에 도달하도록 노력하게 된다.

이 책을 가까이에 두고 사랑하는 모든 사람과 나누길 바란다. 나는 당신이 단지 생존의 문제를 넘어서서 한층 크고 발전된 방식으로 한껏 번성하기를 바라는 마음으로 이 책을 썼다.

나는 우리가 팬데믹 위기에서 벗어날 때 맞이하게 될 일을 하나의 큰 그림으로 보여 주려 한다. 거기에는 엄청난 기회와 그에 따른 도전이 뒤이을 것이다. 오늘날 당면한 여러 도전 앞에서 우리는 반드시 크게 생각해야 한다. 생각의 그릇이 당면한 문제의 크기보다 커야 한다.

어린 시절부터 친숙한 두 가지 중요한 상징에 대해 얘기해 보자. 하나는 고대로부터 내려온 상징인 음양으로, 6천 년이 넘는 시간 동안 인류의 기억 속에서 살아남았다. 그 배후의 원칙이 검증 가능한 참이기 때문이다.

쉽게 말해, 음양의 상징은 '위기=기회'로 해석하는 것이다. 이 글을 쓰고 있는 지금, 우리는 역사상 가장 큰 위기인 코비드 19 팬데믹에 처해 있다. 따라서 우리가 깨어 있고, 깊이 생각하며, 긍정적이고 변화를 선택한다면, 그 위기가 역으로 가장 큰 기회라는 것도 알 수 있다.

우리에게 익숙한 또 하나의 상징은 나비로, 일반적으로 나비는 자유를 상징한다. 나의 회사와 저서 《1분 백만장자》에는 언제나 나비 표상을 새겨 넣는다. 당신이 현명하게 적응하고 있다면 이제 당신은 자유를 키울 수 있는 위치에 있다. 애벌레를 보지 않고는 나비를 만날 수 없다는 점을 기억하라. 마찬가지로 나비가 완전한 고치에서 나오는 것을 보지 않고는 80억 명의 사람들을 동시에 봉쇄한 이 위기를 볼 수 없다.

미국은 1776년 독립 선언과 연합 규약(미국의 최초 헌법) 이래로, 47번의 경기 침체와 두 번의 주요 경기 침체(1893~98, 1929~39)를 겪었다.

1890년대 대공황 이후 자동차, 전기, 전화, 비행기 등 네 가지 혁신이 새로운 산업 국가 미국을 만들었다.

1930년대 대공황 이후에는 TV, 제트기, 그리고 궁극적으로 컴퓨터가 등장했다. 컴퓨터는 프로세서 속도 또는 컴퓨터의 전체 처리 능력이 2년마다 두 배로 증가한 결과, 가격이 근원적으로 절반까지 떨어질 것이라는 고든 무어 박사의 법칙에 따라 엄청나게 진화하기 시작했다. 이로 인해 컴퓨터, 스마트폰, 인터넷이 가능해졌다.

경기 침체나 불황 같은 모든 종류의 수축 뒤에는 기술 혁신이 일어나고, 그에 따라 광범위한 영역에서 즉각적이고 수익성은 높지만 시야에 잘 포착되지 않는 확장 국면이 뒤따라온다.

우리는 이번 위기도 헤쳐 나갈 것이며, 매번 위기나 좌절 앞에서 그랬듯이 그것이 끝날 때 더 나아질 것이다. 의식이 깨어 있고 힘차게 앞으로 나아가려는 사람들은 어렴풋이 등장하는 특별한 기회를 포착한다.

그렇다. 생각을 재설정하고 축을 바꿔서 플랜 B를 만들고 새로운 방식으로 실행해 나가기로 결심해야 한다.

우버, 에어비앤비, 인스타그램, 스퀘어처럼 십 년 전에는 아는 사람이 없고 들어 보지도 못한 기업이 수십억 달러 가치로 성장했다. 이 글을 읽는 동안에도 수백 개의 새로운 기업이 탄생할 것이라고 나는 예상한다. 문서 서명 방식은 기업 가치가 천억 달러를 넘은 다큐사인DocuSign에 의해 완전히 전자화되었다. 중요한 서류는 이제 즉시 서명이 이루어지며 구매자와 판매자가 전혀 만나지 않고도 거래가 마무리된다. 5년 전이라면 계약 체결 장소가 필요했을 것이다.

이 모든 것이 문제를 해결하거나 더 나은 것을 만들려는 개인의 아이디어에서 비롯되었다. 아마도 당신은 세상을 긍정적으로 변화시킬 창조적 혁신가일 것이다.

다시 한번 스스로에게 물어야 할 질문은 이 거대한 변화의 물결에 어떻게 참여할 지에 관한 것이다. 내가 개인적으로 좋아하는 일은 무엇이며, 상당한 보수를 받을 수 있는 일은 무엇인가? 또는 수정이 필요한 사항을 알고 있는가? 그 일을 실행할 팀을 만들거나 그 팀의 팀원이 될 수 있는가?

다음은 우리 눈앞에서 벌어지는 장차 미래를 그려 나갈 주요 사건들이다.

이제 세상은 비디오와 팟캐스트 중심으로 돌아가며 전 세계 사람들은 집이나 사무실에서 줌을 통해 하루에 천만 건 이상의 회의를 진행한다. 5G 네트워크 사용이 점차 증가하면서 조만간 실시간으로 휴대폰에서 홀로그램으로 표현된 팝업 3D 아바타를 보게 될 것이다.

2020년부터 2030년까지 미국 안팎에서 50조 달러 이상의 비즈니스를 창출할 것이라고 예상되는 7가지 대규모 혁신은 다음과 같다.

미시간에 있는 QCI LLC에서는 쓰레기를 현금으로 바꾼다. QCI는 쓰레기와 매립지에서 원자와 분자의 99%를 회수하여 수백만 개의 일자리를 창출하고 필요하지만 동결되었던 자원에서 수조 달러를 만들어 낸다. 이는 대부분의 오염을 종식시키면서 수돗물의 독성을 제거하며 사실상 무제한의 연료, 금속, 플라스틱, 정수를 돌려준다. 결국 오염과 폐기물로부터 지구를 구한다.

AI는 인공 지능 또는 슈퍼컴퓨터를 말한다. 우리는 스마트폰에서 위치를 찾는 GPS 시스템과 구글의 음성 명령어 '헤이 구글'을 통해 실감한다. 우리의 손 안에는 '말하는 지도'가 있다.

또한 나노초 안에 수백만 건의 거래가 이루어질 것이다. IBM의 토마스 왓슨Thomas Watson 사장처럼 우리는 인간의 마음이 그렇게 빨리 생각할 수 없다는 사실을 알 수 있다. 그러나 인간은 깊이 생각하고 윤리적인 태도를 가지며 결정을 내릴 수 있다. 우리는 AI가 재빠르게 제공하는 옵션 중에서 선택하면 된다.

5G는 초고속으로 한층 빨라져서 다운로드를 사실상 눈 깜빡할 속도로 당길 것이다. 예를 들어, 4만 피트 상공에서 제트기를 타고 여행하면서 3시간 분량의 영화 전체를 컴퓨터와 스마트폰에 다운로드할 수 있다. 각 통신사는 자신들이 가장 빠르고 최고라고 주장한다. 이 대규모 경주에서 누가 승자인지는 머지않아 드러날 것이다.

하와이 오아후의 내츄럴파워콘셉츠Natural Power Concepts는 대체 에너지 장치 발명 및 설계 회사(www.natural powerconcepts. com)에서 출발했다. 예술가이자 발명가인 천재 존 피트르John Pitre는 스트림 오거 터빈과 펄스 웨이브 기술로 도시의 바람을 만드는 250개의 혁신 제품을 발명해 우리가 사는 지구를 향상시키는 데 기여했다. 그는 이 풍력 충전의 혁신적인 방식을 통해서 통합 에너지 저장 장치를 만들기 위해 노력하고 있다. 이는 최고의 친환경 기술로 나는 이 회사의 설립자이자 투자자이며 공동 소유자이다.

로봇은 이전에 블루칼라 노동으로 격하되었던 모든 하찮고 힘들고 역겹고 불가능한 일을 대체할 것이다. 머지않아 우리는 누구도 원치 않는 일을 하는 코봇Cobot, 협동 로봇을 갖게 될 것이다. 부수적인 노동은 로봇이 하게 되면서 우리 중 다수가 훨씬 생산적인 일에 집중하게 되고 향상된 훈련과 더 높은 급여를 받게 될 것이다.

이러한 추세는 일자리를 파괴하는 것이 아니라 창출한다. 스티브 포브스Steve Forbes는 이것이 10년 안에 2,200만 개의 새로운 일자리를 창출할 것이라고 강조한다. 워렌 버핏이 말했듯이 100년 전 미국인의 98%는 농부였고 2%만 사무직이었다. 농업이 다른 산업으로 전환되면 모든 사람이 실직자가 될 것이라는 두려움이 가득했다. 오늘날에는 미국인의 98%가 농부가 아니며 2%만 농부일 뿐이고, 경제는 과거 어느 때보다 좋다. 로봇을 사용하면 경제 전반이 훨씬 생산적으로 바뀌고 수익성이 높아져서 모두가 지금보다 행복해질 것이다.

IoT사물 인터넷는 500억 개 장치를 연결할 것이다. 전화, 컴퓨터, 집, 자동차, 기타 장치가 가상으로 연결된다. 믿기 어렵겠지만 불과 15년 전만 해도 아무도 유선 전화의 연결선을 끊을 수 있다고 생각하지 못했다. 그러나 현실은 그 이상으로 개선되었다.

하늘을 나는 자동차는 더는 공상 과학 소설이 아니다. 나는 CESConsumer Electronic Show 행사에서 플라잉카를 내 눈으로 보았고 직접 앉아 보기도 했다. 그때 동석자는 보잉의 발명가인 찰리 스피넬리Charlie Spinelli였다. 플라잉카는 현재의 이동 방식보다 안전할 것으로 전망된다. 아마도 우버 에어와 같은 이름을 갖게 될 것이다. 이 기술 트렌드는 교통 혼잡을 끝내고 이동 속도를 높이며, 전기 배터리로 작동되어 오염을 상당히 제거하게 될 것이다.

팬데믹의 결과로 우리는 건강, 안전 및 웰빙을 위해 필수적인 중요한 제품과 서비스를 나라 밖에서 아웃소싱하는 일을 꺼리게 되었다. 공급망과 제조를 국내에서 더 많이 통제해야 한다는 사실을 깨달았다는 뜻이다. 앞으로 몇 년 동안 제조, 유통 및 공급망의 모든 측면에서 엄청난 기회가 등장할 것이다. 이 분야에서 지난 20년간은 수축을 겪었지만, 앞으로는 우리가 깨어 있고 정보를 얻고 열광하는 한 모두를 위한 일자리와 기회가 제공되는 거대한 부활을 맞이하게 될 것이다.

이 모든 일이 진짜 일어날까? 단지 시간이 말해 줄 것이다. 대부분이 현실이 되고 그 이상도 일어날 수 있다고 생각한다. 극복해야 할 장애물이 있을까? 물론, 있다. 하지만 우리는 상상할 수 있는 모든 장애물을 어떤 방식으로든 극복해 나갈 것이다. 우리는 계속해서 언덕 위의 용감한 등대가 되어 용기와 기회의 빛을 내보낼 것이다. 우리의 전반적인 행복 습관, 무적의 직업윤리, 적극적이며 창의적인 마케팅이 우세한 결과를 불러올 것이다.

프로그램 제작자들이 드라마와 나쁜 뉴스가 잘 팔린다고 믿기 때문에 그렇게나 많은 부정적인 미디어가 넘쳐 나는 것이다. 진실을 말하자면, 세상에는 나쁜 소식보다 좋은 소식이 무한히 더 많다. 부정적인 뉴스 듣기를 하루 15분으로 제한하길 권한다. 좋은 뉴스의 숫자가 당신의 정신, 생각, 미래에 상처를 주는 뉴스보다 훨씬 많다.

최근 몇 년간 미국의 정치 지도부는 함께 머리를 맞대고 모든 사람이 이 어려운 시기를 헤쳐 나갈 수 있도록 2조 달러의 구제 금융에 합의했다. 그때 무슨 일이 일어났는지 살펴보자.

성공하는 유일한 방법은 협력과 혁신이다. 협력과 화합이 바탕이 되면 새로운 아이디어들은 우리가 이 시련을 이겨 내고 당당하게 반등하도록 지원할 것이다.

13장

명상으로
무한한 부를 일궈라

오디오 녹음을 듣는 동안 나는 창의적인 시각화 경험을 맛본
다. 당신도 메시지를 읽고 흡수하고 숙고하는 과정을 즐길 수
있다. 스스로 소리 내어 읽고 녹음한 다음 다시 들어 본다든지,
음악을 배경으로 한 채 다른 사람에게 읽어 달라고 부탁해 보
자. 그러나 운전 중이거나 중장비를 다루고 있을 때는 듣기를
삼가야 한다.

　최상의 결과를 얻으려면 침대나 바닥 또는 좋아하는 의자에
앉아서 편안한 자세를 취해 보자. 마음이 편하게 방해받지 않
는 각성의 공간을 만들라. 가능하다면 스티븐 핼펀Steven Halpern
의 음악이나 크리스탈 볼 음악 또는 명상 음악을 들어 보자. 다

음은 무한한 부에 관한 명상의 글이다. 이제 눈을 감고 이러한 아이디어와 생각을 반복해서 내면화하자.

신체의 눈을 감고 마음의 눈을 뜬다. 생기 어린 좋은 숨을 들이마신다. 나는 온전히 기분이 좋다. 마음이 크게 확장된다. 나는 최선의 노력을 다하는 자신에게 만족감을 느낀다. 나는 무한한 부를 경험하고 있으며 표현하는 중이다. 부가 곧 나 자신이다. 상상의 스크린을 켜면 내가 되고 싶은 나의 모습이 보인다. 마음의 시선은 20도쯤 위를 향한다. 나는 새로이 완전한 존재의 수준에 이르렀다.

나의 의식과 창의성이 최대치로 고양되었다. 내면의 존재가 새로운 재정적 현실에 깨어나고 있다. 나는 긍정적이고 생산적이며 창의적이고 돈을 벌어들이는 심리 기제를 갖고 있다. 내 마음은 풍부한 기회를 알아챌 수 있다. 흥미롭고 새로운 방식으로 자기 조직화되고 있다. 바로 지금 여기에서 무한한 부가 나를 향하여 도달한 것을 감지한다. 새롭고 긍정적이고 유익한 생각이 나에게 흘러 들어온다. 나는 그 생각들이 효과가 있음을 알며, 내 마음은 그 생각들을 꿰뚫고 있다. 그것을 나는 종이에 옮겨 적는다. 그러고는 바라본다. 온몸이 짜릿하다. 이는 좋은 신호다. 나는 그 생각들을 정기적으로 검토한다. 그것들을 생각하면 기분이 좋아진다. 나는 내 생각을 실현하기 위해 강렬한 열정을 유지한다.

　나는 나의 꿈, 욕망, 긍정적인 야망을 성취하는 데 긴요한 사람들을 내 영역으로 끌어들인다. 내 삶은 건강, 재산, 풍요, 기쁨, 행복이 넘쳐흐른다. 나는 최선을 다해 헌신하고 있다. 또한 헌신하기 위한 새로운 방법을 끝없이 생각해 내고 있다. 나는 새로운 시장과 새로운 시장 프로세스를 발명하고 있다. 기분이 좋다. 나의 위대한 새로운 아이디어는 더 많은 사람을 고용하고 있다. 나는 그것을 볼 수 있다. 제대로 작동 중이다. 나는 마음속에 그린 것을 실제 그림으로 표출하고 있다.

　내가 품은 큰 아이디어는 흥미진진하고 인류를 각성시킨다. 나는 그것을 느끼고 믿고 기대하고 성취한다. 내 안팎에서 폭발하는 새롭고 영감에 찬 창의성으로 더 깊어진 지혜를 느낀다. 나는 심오한 차이를 만든다. 내가 가진 가장 높은 수준의 비전이 이제 실현되고 있음을 경험하며 바라본다. 인류 전체에 대하여 내가 품은 최고의 비전이 지금 실현되고 있다.

　나는 이제껏 들어 왔던 "안 된다."를 "된다."로 바꾸겠다. 우주는 나에게 "된다."라고만 말한다. 나는 내 마음의 눈과 귀에 메아리치는 소리를 듣는다. "예, 예, 예, 예, 예." 나는 모든 단점을 장점으로 뒤집는다. 어떠한 거절에도 영향받지 않는다. 나는 시간, 돈, 노력에 대한 투자를 현명하게 지렛대 삼아 큰 부를 얻고 있다. 나는 수백만 달러를 벌고 있고, 그 수백만 달러가 수백만 달러를 벌어들이는 장면을 본다.

나는 성공의 모든 원칙을 알고 있고 사용한다. '나는 할 수 있다.' 그리고 '나는 된다.'가 유일한 신조다. 나는 스타일, 위엄, 우아함, 용기, 탁월함, 섬세함을 갖추고 일등석으로 여행한다. 나는 안팎으로 품위가 느껴진다. 일등석을 타는 것 자체가 최고의 복수다. 나는 일등석으로 간다. 그리고 모든 위대한 사람과 함께 모든 위대한 장소를 방문한다. 지역 주민을 따라 로컬 투어를 체험한다.

내 꿈이 지금 이루어지고 있다. 나의 꿈은 바로 꿈을 갖는 것이다. 그 꿈들이 반짝인다. 아름답다. 상상 속에서 춤을 춘다. 꿈이 절묘하게 실현되고 있다. 이 황금시대에 심오하고 중요하며 뜻깊은 변화를 만들고 있다. 나는 내 삶뿐 아니라 지구상의 모든 이의 삶에 긍정적이고 올바르며 통찰력 있는 영향력을 미치고 있다. 나는 새로운 현실을 바라본다. 훌륭하고 더없이 행복하며 즐겁게 펼쳐지는 새로운 현실 말이다. 그것들은 마음속에서 창조되며 내 마음에 흡족하다. 이 모든 좋은 것이 내 삶에 넘쳐나는 동안 나는 꿈인지 생시인지 알아보려고 입술을 살짝 깨문다.

나는 끊임없는 자기 계발 중이고 그런 활동을 좋아한다. 내 삶은 모든 긍정적인 면에서 점점 나아지고 있다. 끈기가 성과를 내고, 또 성과를 내는 식으로 반복된다. 내 삶은 나 자신과 다른 모든 이에게 호의를 베푼다. 그들은 내가 지금 편안하게 뿜어내는 에너지 광채를 만끽하고 싶어 한다. 모든 투자가 제대로 평가받고 있으며 배당이 지급되어 흥미롭다. 얼마를 지출했느냐가 아니라 어떻게 지출했으며 그것으로 어떤 가치를 얻었는지가 문제다. 나는 가치가 있으며 내가 하는 일 역시 가치가 있다.

나는 마음과 몸과 영혼에 확신을 갖고 있다. 내면은 에너지로 가득하며 타인에게 동기를 부여한다. 내 모든 말은 주변 모든 사람에게 힘을 주고 그들을 풍요롭게 하고 활력을 준다. 나는 바라는 모든 선을 행하고 소유할 수 있는 재력이 있다. 은행 계좌는 그득 차 있고 이자를 받고 있다. 내 통장에는 이전의 어느 때보다 많은 돈이 있다. 나는 더 많은 돈이 쌓일 것이라는 사실을 알고 있다. 나는 돈의 신성한 순환 속에 있다. 소유하고 벌어들이고 투자하고 순환시키는 모든 것이 배가 되고, 레버리지를 일으키고, 증가하며 한층 진화한다. 존재 깊숙이 좋은 기분을 느낀다.

나는 청구서를 다 갚았고 여전히 충분한 돈이 있다. 돈과 재물이 계속 쏟아져 들어온다. 나는 모든 계좌와 청구서를 파악

하고 있다. 매달 청구서가 빠짐없이 전액 지불되고 있다. 나의 신용 점수는 최고치다. 은행에서 대출을 받으라고 전화가 온다. 기분이 너무 좋다. 멋진 일이다. 실행하고 소유하고 계속 느끼고 싶은, 매우 기분 좋고 즐거운 경험이다.

나는 빚이 없다. 거주하는 집과 두 번째 집의 담보 대출을 갚았다. 대금을 다 지불한 새 자동차들이 눈부시게 반짝이며 빛난다. 그 자동차들은 모두 내 것이다. 나와 가족 소유의 차를 운전하면서 나는 내면이 조금 더 밝아진 기분으로 운전대를 잡고 있다.

나는 내가 믿고 있는 선한 대의를 위해 맹렬히 많은 돈을 모금한다. 자선 활동을 하고 있으며, 내가 지원하는 자선 단체에 대해 좋은 감정을 느낀다. 내가 어디에서 무엇을 하고 있든 항상 새로운 수익 창출 기회를 찾고 발견한다.

나는 후즈후who's who로부터 초대장을 받는다. 나는 여러 파티에서 초대하고 싶어 하는 귀빈이며 어떤 모임이든 참석하고 싶은 경우에만 그렇게 한다. 나의 명함 이미지는 내가 하는 일을 탁월하고 우아하게 보여 준다. 나는 "나를 초청 일순위에 올려 줘."라고 말한다. 초대를 받았을 때 수락할지 또는 정중하게 거절해야 할지 잘 알고 있다. 선별해서 수락한다.

나는 자신, 동료, 사회, 이 세상에서 더 큰 존경과 중요성을 지닌 사람으로 자리매김한다. 나는 지역 사회, 국가, 세계에서 역할을 다하며 크게 기여하고 있다. 그런 헌신을 나는 사랑한다. 내 마음속은 아낌없이 바치는 헌신으로 가득 차 있다.

나는 쓰러졌지만 지금은 일어섰다. 일어섰다는 것은 분명히 더 나아졌다는 뜻이고, 앞으로도 나는 그렇게 할 것이다. 나는 대등한 자격으로 흥미진진한 인물들을 만나고 있다. 그들은 위대한 사업가, 예술가, 음악가, 과학자, 탁월하며 영감을 주는 교사들이다. 이들은 내가 전혀 알지 못했던 주제로 나를 데려간다. 무지하고 정보가 부족했던 내가 이런 만남을 통해서 마음, 의식, 이해의 저변을 넓혀 간다. 나는 가득 찬 상태가 되어 완전하게 빛을 발하고 있다.

나는 다양한 방식으로 미디어 인물들과 교류한다. 위대한 세계 지도자, 정치가와 함께한다. 세계적인 변혁가와 지식인, 체인지메이커와 함께 나아가며 나 역시 그 일원이다. 나는 세계적인 후즈후 명단에 오른 이들과 계속해서 사진을 찍어 왔다. 일상의 일부가 된 자연스러운 경험이다. 그들과 찍은 사진이 사무실에 도착하면 액자에 넣고 걸어 둔다. 그들은 스스로 단련하기로 결정한 사람들이다. 자신들을 바라보는 이들을 고양시키고자 하는 사람들이기에 이 사진에서는 에너지가 퍼져나간다. 보는 이들에게 희망과 함께 누군가를 돕고 싶다는 감정을 새롭게 자아낸다. 자랑스럽게도 나는 그 사진들을 벽에 걸고 있다.

함께하고 싶은 사람과 함께 지내며, 황홀한 감정을 누리고, 섬기는 마음으로 섬기며, 사랑을 주기 위해 사랑하는 나의 모습을 시각화한다. 새롭고도 한층 심오한 방법으로 마음의 에너지를 한껏 펼치고 있다. 나는 우주의 박자에 맞춰 춤을 춘다. 누군가 만날 필요가 있거나 때로는 그런 필요가 일어나기 전에도 내 친구와 멘토들은 내가 필요로 하고 만나고 싶은 사람들을 소개해 준다. 그 결과 인간관계의 범위가 계속 넓어진다. 이런 외부와의 접촉을 통해 나는 문을 열고 들어가, 나뿐 아니라 나의 사람들을 위하여 미래의 성공을 담보하고, 미래의 사업과 미래의 상품 주문을 보장해 줄 입소문과 권력의 장에 접근할 수 있다.

나는 이 세상의 모든 위대한 사건의 일부다. 나는 그 일들이 일어나기 이전에 거기에 가 있다. 나는 이 세대와 미래 세대를 위해 더 나은 세상을 만들고 있다. 내 마음의 레이더는 항상 사람들을 살피고, 사건을 관찰하며, 베일과 성공의 벽에 새로운 구멍이 있는지 상황을 파악한다. 나는 반대편까지 꿰뚫어 보고 내가 갖기로 선택한 것을 완전한 깨달음으로 끌어당긴다. 내 안에는 타오르는 욕망의 불이 있다. 빛을 내며 광휘에 휩싸여 장엄하게 살아 있다. 불이 명치에서 춤을 춘다. 그것은 내 심장을 밝힌다. 내가 누군가에게 한마디 말이나 터치, 심지어 내 눈길이나 에너지를 담은 포옹을 건네면 이것이 치유의 손으로 작용한다.

나는 TV의 관객이 몇 명이든, 한 명, 천 명, 십만 명 또는 백만 명에 상관하지 않고 내 생명력의 에너지로 그들을 끌어당기고 고양시키며 활력을 주고 격려한다. 성취의 새로운 차원과 수준에 도달하도록 그들의 마음을 움직인다. 이것은 인생의 거대한 웅덩이에 물 한 방울을 떨어뜨리는 일이라고 생각한다. 도플러 효과가 파동 전파로 나타나 다른 모든 이에게 전달되고 그 의미와 영향력, 의도가 우주를 향해 나아간다.

기분이 좋다. 나는 기쁘다. 나는 스스로가 마음에 든다. 나는 다른 이들에게 친절하다. 나는 지구라는 작은 우주선의 친절한 동거인들에게 선함을 베푼다. 나는 우리가 살아가는 세계에 변화를 만들고 있다. 나 자신을 치유하고 있으며 세상을 치유한다. 나는 모든 이를 깨우치는 무한한 부의 일부다. 나는 내 안의 부를 찾을 때 외부 세계의 부를 발견한다는 사실을 안다. 기분이 상쾌하고 더할 나위 없이 만족한다. 이 통찰력을 모두와 공유하고 있다. 누구나 의도한 대로 성취할 수 있는 새로운 세기, 새로운 시대 그리고 눈이 휘둥그레지는 새로운 경지로 나아가고 있음을 모두 깨닫고 있다.

지금 나는 멋진 집에 살고 있다. 내가 그토록 원했던 모든 것이 갖춰져 있다. 아늑하다. 편안하다. 벽은 독창적인 원본 예술품으로 장식되어 있다. 창문은 크고 넓다. 널찍하고 우아하고 웅장하다. 가구는 내가 항상 꿈꿔 왔던 것인데 나는 가구에 편안하게 둘러싸여 힘을 얻는다. 내가 원하던 TV 스크린이 있고 내가 보고 싶은 프로그램은 공동 제작했다. 비디오 애호가로서 나는 내 의식의 가장 높은 단계와 공명할 것이라 생각되는 의식의 문에만 발을 들인다. 나는 그 영상들이 내 속에 스며들어 마음의 공간을 채우게 한다. 덕분에 나는 한껏 고양되고 미래를 깨닫는다.

우리 집 부엌에 들어가면 믿기 어려울 정도로 공간이 넓다. 미식가에 맞춤한 부엌이다. 햇빛이 천장부터 바닥에 이르는 널찍한 창문을 통해 들어온다. 부엌 벽은 식물이 장식하고 있다. 보기에 흐뭇하다. 이곳에서 감지되는 떨림은 세계에서 가장 모범적인 미식 요리사의 진동일 수 있다. 이 부엌에서는 영양이 풍부하고 건강에 좋은 아침, 점심, 저녁 식사를 만들도록 영감을 받는다. 따라서 나는 최고 수준의 건강과 신체 균형을 유지할 수 있다.

집의 다른 공간을 거쳐서 서재에 들어가 본다. 서가에 책이

꽂혀 있다. 내가 읽었고 나의 일부가 된 수만 권의 책. 사람은 읽는 대로 달라지므로 나는 최고의 책을 읽는다. 그것이 나를 최고로 만든다. 나는 모든 시대의 위대한 마음과 위대한 생각의 은유적인 춤 속에 살고 있다. 이곳에서 나는 기분이 좋다. 양탄자는 드높은 영성의 색깔이다. 벽지에는 구름과 지구가 그려져 있다. 천국에 들어온 것 같다.

나는 지구본을 돌리면서 전 인류에 봉사할 방법을 생각한다. 내가 헌신하여 만든 상품을 팔고 서비스하며 대량 생산과 배포 대규모 마케팅과 대량 소비할 방법을 도모한다.

이제 복도를 걸어 나가면 가족들의 빛나는 사진이 걸려 있다. 그들에게선 빛이 난다. 저마다 고유한 아우라가 있다. 순간의 아름다움을 필름에 담았을 때를 기억하며 내 가슴이 뛴다. 가족 모두를 사랑하는 마음에 눈물이 핑 돈다.

집무실을 지나면서 나는 책장 위를 바라보고 변화를 만드는 데 함께 참여한 사람들과 내가 함께 찍은 사진들을 올려다본다.

이제 계단을 내려가면서 낭만적인 사진들을 만난다. 내가 사랑하는 아내의 모습이 있다. 나는 기쁨에 겨워 하느님과 모든 좋은 것과 하나가 된 느낌을 받는다.

나의 성스러운 침실의 문에 들어서니 넓은 공간이 나온다.

거기에는 매우 값비싸며 빛이 나는 꽃이 그려진 침구류가 있다. 여기서도 나는 기분이 좋다. 침대는 단단하다. 잠재의식을 자극하는 음악이 흘러나오는 오디오 시스템을 켜자. 마음이 우주의 충만함으로 춤을 추고 나는 서서히 잠에 빠져든다. 그것은 내 영혼과 마음과 몸을 평화롭게 진정시키고 젊어지게 한다. 그 결과 나는 매일, 하루도 빠짐없이 최고의 성과를 올릴 수 있다.

창문을 열고 주위에서 자라나는 허브와 유기농 식물이 내뿜는 신선한 공기를 들이마신다. 밤의 소나무 향기와 밤에 피는 재스민, 마음을 진정시키는 라벤더 향, 라일락의 달콤한 향기를 깊이 들이마신다. 나는 제철에 흩날리는 레몬 나무 냄새를 맡는다. 침실의 내 침대 옆에는 장미가 있고 그것은 떨림 속의 고요함에 긍정적인 기분을 더해 준다.

아침에 일어나 달콤한 태양이 입맞춤하면 나는 유리문을 열고 저택을 둘러본다. 치자꽃의 아침 향기가 올라온다. 정말 좋다. 나는 그 향을 아주 좋아한다. 내 얼굴에는 미소가 떠오르고, 마음에도 미소가 흐르며, 영혼 역시 웃음 속에서 행복을 만끽하며 깊이 감사한다.

모든 시대가 들려준 지혜에 힘입어, 나는 가장 지극한 열망을 실현하고 가장 높은 단계의 희망을 성취한 끝에 개인적으로 큰 만족감을 느낀다. 바로 지금이 그렇다. 다른 방식으로는 불가능한 일이다. 나는 기쁨이 가득 차오르며 당신에게 말한다.

"감사합니다. 감사합니다. 감사합니다."